Recetas *sabrosas*
en 30 minutos para diabéticos

AUTORAS: DORIS FRITZSCHE, ERIKA CASPAREK-TÜRKKAN

Indice

DIABETES MELLITUS

Diabetes mellitus
  ¿Qué es en realidad? 5
Diagnóstico: diabetes
  Aumenta el azúcar en sangre 6
Un cambio en los hábitos de vida
  Es el más importante método de tratamiento 8
Diabetes mellitus
  Preguntas más frecuentes 10
Carbohidratos y nivel de azúcar en sangre 12
Equilibrio entre el azúcar en sangre y el metabolismo
  Comer «correctamente» a pesar de la diabetes 14
Errores más frecuentes
  Sobre el tema de comer y beber 16
El importante programa de acompañamiento 18
Comer y beber a lo largo del día 20

RECETAS

Desayunos, snacks y bebidas

Quark con fruta y copos de maíz 24
Pan integral con queso fresco granulado al eneldo y rabanitos 26
Pan crujiente con jamón, rábano y zanahorias 26
Pan de centeno con rúcula y jamón 27
Panecillos con *mozzarella* y pimiento 27
Huevo en vaso con tiras de salmón 28
Huevo a la plancha escondido entre ensalada 29
Huevos revueltos con tomate y albahaca 29
Tramezzini dulces con fresas y crema de plátano 30
Tramezzini con salmón y verduras 31
Tramezzini con pasta de setas y fiambre 31
Tostas de *gouda* y tomate 32
Pan integral con fiambre y peras 32
Sándwich de pavo y pimiento 33
Pan de cereales con fiambre y rúcula 33
Creps de alforfón con manzana caramelizada 34
Creps con relleno de *quark* y frambuesas 34
Smoothie de frambuesas y suero de leche 36
Bebida energética de color carmín 36
Bebida suave de fresas con yogur 37
Batido de peras con almendras 37

Entrantes

Sopa verde de guisantes con *croûtons* 38
Lechuga iceberg con champiñones, pepino y jamón de York 40
Ensalada de maíz con *mozzarella* 40
Ensalada de espárragos y patatas con huevo 42
Ensalada de hinojo con naranja y queso fresco 42
Ensalada de col picuda y zanahorias con queso de oveja 44
Tomates a las hierbas con lechuga 45
Ensalada de pasta con salchichas, rabanitos y pepino 45
Sopa de patata y apio con pechuga de pavo 46
Crema de aguacate con tomate 46
Tortilla de carne picada y verduras 48
Frittata de hinojo con piñones 48
Ensalada de judías blancas y verdes con tomates y aceitunas 50
Pastellillos de verdura con yogur al ajo 50
Hamburguesa oriental en pan de pita 52
Lentejas rojas con albaricoques y almendras 54
Ensalada de garbanzos 54
Sopa de calabaza con ajo de oso y aceite de pipas
  de calabaza 56
Sopa de calabacín con aceite de menta 56
Ensalada de patata con atún 58
Ensalada de pasta con col china y naranja 58
Pizza rápida al minuto con champiñones y jamón 60
Berenjenas al horno 60

Platos principales vegetarianos

Brócoli con almendras y nueces 62
Coliflor al curri con jengibre y cilantro 64
Acelgas con tomates, patatas y alcaparras 64
Penne con salsa de berenjena y tomate 66
Ensalada caliente de puerros y patatas 68
Risotto con col rizada y setas 68
Cazuela de garbanzos con hinojo 70
Cazuela de judías blancas 70
Tagliatelle con calabacín 72
Espaguetis con salsa de setas 72
Tortilla de patatas con yogur a las hierbas 74

Patatas cocidas con piel con *quark* de rabanitos y berros	76
Curri multicolor de lentejas	76

Platos principales de pescado

Salmón al vapor sobre lecho de espinacas	78
Bacalao con calabacín y zanahorias	80
Filetes de platija al horno	80
Emperador con vinagreta	82
Sartenada de cabracho con pimientos	84
Locha espinosa a la salsa de coco y azafrán	84
Filetes de carpa al *wok*	86
Trucha al hinojo	88
Fletán sobre lecho de verdura	88
Filetes de lucioperca con costra de almendra	90
Caldereta de pescado con tomate	92
Cabracho sobre puré de zanahorias y patatas	92

Platos principales de carne y aves

Medallones de cerdo con costra de hierbas y queso	94
Cerdo ahumado con pimiento y chucrut	96
Steak de lomo de cerdo con costra de sésamo	96
Guiso multicolor de verduras y salchichas	98
Ragú de pavo con apio y patatas	98
Albóndigas de carne y arroz con champiñones	100
Sartenada gyros sobre puré de patatas y espinacas	100
Filetitos a la salvia con pimientos marinados	102
Escalope con guarnición picante de albaricoques	102
Filetes de cerdo sobre judías verdes y tomates	104
Brochetas de pollo con puerros	106
Pavo con calabacines en salsa de limón	106
Pechuga de pollo sobre verduras provenzales	108
Muslos de pollo sobre champiñones	110
Carne de ternera al *wok* con zanahorias y jengibre	112

Postres

Tortilla al chocolate con fresas	114
Cuenco de yogur frío con frambuesas heladas	116
Ensalada de frutas con , chocolate y pistachos	116
Creps a la canela con arándanos	118
Arroz al azafrán con peras	118
Gelatina amarilla de frutas con cuajada	120
Postre de yogur en capas	120
Ñoquis de *quark* con salsa de frutos del bosque	122

Apéndices

La pirámide de los alimentos	124
Índice de recetas	126

Hay que cuidar de que en las comidas principales se aporte una cantidad de hidratos de carbono equivalente a 3 o 4 UC. Si en alguna receta se observan cantidades menores a la citada, lo mejor es complementar la receta, de acuerdo con las necesidades de cada uno, con los siguientes proveedores de carbohidratos:

	1 UC
Pasta (peso escurrido)	15 g
Arroz (peso escurrido)	15 g
Patatas	70 g
Pan integral	25 g

Las propuestas que figuran en esta obra representan la opinión y están elaboradas con la mejor buena fe por parte de los autores. Sin embargo, no pueden sustituir a consejos médicos competentes. Cualquier lector que se sirva de ellas y las aplique, asume la responsabilidad de su propia iniciativa. Ni los autores ni la editorial se pueden hacer responsables de los eventuales daños y perjuicios que resultaran de la aplicación práctica de las indicaciones de este libro.
No siempre se han podido identificar las marcas registradas. Si han faltado datos que nos hayan permitido caracterizarlas, hemos entendido que se trata de nombres carentes de registro.

Título de la edición original: Gesund essen 30-Minuten-Küche für Diabetiker

Es propiedad,
© Gräfe und Unzer Verlag GmbH, Múnich

© de la edición en castellano
Editorial Hispano Europea, S. A.

E-mail: hispanoeuropea@hispanoeuropea.com
Web: www.hispanoeuropea.com

© fotografías: Jörn Rynio. Trabaja como fotógrafo en Hamburgo. Entre sus clientes se cuentan revistas nacionales e internacionales, editoriales y agencias publicitarias. Todas las fotografías de este libro pertenecen a su estudio. Cuenta con el dinámico respaldo de Antje Kühte y Petra Speckmann como responsables del *foodstyling*.

© de la traducción: Eva Nieto

Toda forma de reproducción, distribución, comunicación pública o transformación de esta obra solo puede ser realizada con la autorización de sus titulares, salvo la excepción prevista por la ley. Diríjase al editor si necesita fotocopiar o digitalizar algún fragmento de esta obra.

Depósito Legal: B. 25.118-2012

ISBN: 978-84-255-2037-2

Consulte nuestra web:
www.hispanoeuropea.com

IMPRESO EN ESPAÑA - PRINTED IN SPAIN

Diabetes mellitus

¿Qué es en realidad?

Desde hace muchos años, la diabetes mellitus forma parte de las enfermedades más extendidas entre la raza humana, pues se calcula que la padecen más de 250 millones de personas a lo largo y ancho de todo el planeta.

¿Tu médico te ha diagnosticado diabetes mellitus tipo 2? La predisposición a esta enfermedad está en ti desde la cuna, pues la diabetes tipo 2 es una afección metabólica genéticamente condicionada. La aparición de esa enfermedad, sin embargo, depende del modo de vida de cada persona, lo que permite, a su vez, disponer de una gran oportunidad de someterla a un tratamiento eficaz. El fundamento de la terapia más efectiva es una readaptación de los hábitos de alimentación combinada con el ejercicio físico suficiente.

En este libro encontrarás respuestas a las preguntas más importantes, una gran variedad de consejos y una serie de recetas, eficaces y rápidas, que te ayudarán a superar día tras día los efectos de la diabetes tipo 2.

Diagnóstico: diabetes
Aumenta el azúcar en sangre

Los seres humanos tenemos azúcar en la sangre debido a que los vasos sanguíneos son un sistema de conductos que transportan por todo el organismo una serie variada de sustancias y nutrientes, y por tanto también el azúcar de la sangre. Los valores normales de glucemia, o contenido de glucosa en sangre, oscilan entre los 60 y los 140 mg/100 ml (de 3,3 hasta 7,8 mmol/l). Cuando la glucosa supera esos límites, se habla de diabetes. Si el valor del umbral excede los 180 a 200 mg/100 ml (de 10,0 hasta 11,1 mmol/l), los riñones ya no pueden retener el azúcar del organismo y ese azúcar se hace perceptible en la orina.

Historia

La diabetes ya fue descrita en la Antigüedad. En la Edad Moderna, el médico inglés Thomas Willis (1621-1675) describió con todo detalle los síntomas de la enfermedad. Escribió, entre otras cosas: «La orina de los enfermos es sorprendentemente dulce, como si estuviera embebida de azúcar o miel». Este sabor dulce es el que da nombre a la enfermedad, pues los términos latinos diabetes mellitus se pueden interpretar como «que ha pasado a través de la miel». Ya desde finales del siglo XIX se sabe que la enfermedad es debida a un fallo funcional del páncreas, pero la verdadera causa fue planteada por primera vez en el siglo XX. En 1921, los canadienses Banting y Best obtuvieron insulina del tejido pancreático y la probaron con éxito sobre perros. En 1922 se sometió al primer paciente diabético a un tratamiento con insulina; los resultados fueron muy eficaces.

¿A qué tipo perteneces?

Si se incrementa el valor del azúcar en sangre, eso significa que ese producto se mantiene en el sistema vascular en lugar de que las células lo utilicen para obtener energía. Las causas que provocan esta anomalía pueden ser muy diversas. La movilización del azúcar de la sangre hacia las células debe ser proporcionada por una hormona llamada insulina. Si esta falta porque el páncreas no puede producirla, se habla de diabetes mellitus tipo 1, que en tiempos pasados también se conocía como diabetes juvenil. Se trata de un trastorno autoinmunitario en el que han quedado destruidas las células del páncreas que producen la insulina. Las personas con diabetes mellitus tipo 1 deben ser tratadas de inmediato con insulina.

Se calcula que tan solo un 10 por ciento de los diabéticos pertenecen a este tipo.

La mayor parte son del tipo 2

Más del 85 por ciento de los diabéticos pertenecen al tipo 2 y producen por sí mismos, al menos al principio, la insulina suficiente. En este tipo de la enfermedad, el motivo para un elevado nivel de azúcar (glucosa) en sangre radica en un efecto insuficiente de la insulina. Además, falta la primera respuesta rápida de la insulina después del estímulo del azúcar. El bajo efecto de esta hormona está asociado, por tanto, a una relativa carencia de la misma. Dado que ahora no existe un medio

Diagnóstico: diabetes

de transporte suficiente para poner el azúcar a disposición de las células, el hígado actúa de forma adicional para conseguir la regeneración del azúcar debido a que el organismo piensa que falta y debe entregar más cantidad de ella.

Síntomas de la diabetes tipo 2

Tales síntomas pueden variar de unas personas a otras. Cuando se presentan los trastornos más conocidos, como sed intensa, frecuentes ganas de orinar y deficiente cicatrización de las heridas, los legos en medicina piensan de inmediato en la diabetes y consultan a un médico para comprobar si están amenazados por la enfermedad. La carencia de energía producida por la falta de azúcar en las células también puede generar unos síntomas muy inespecíficos, como agotamiento y decaimiento. Ante tales «bagatelas de síntomas» son muchos los afectados que no buscan de inmediato el consejo médico debido a que la diabetes que los produce es frecuente que se mantenga enmascarada durante largo tiempo.

¿La responsabilidad es de los genes o de los hábitos de vida?

La predisposición genética es un factor decisivo en la aparición de la diabetes tipo 2. Los parientes de primer grado de un diabético tienen una probabilidad del 50 por ciento de desarrollar ese mismo tipo de diabetes.

Además, los estudios científicos han comprobado que también los hábitos de vida tienen una responsabilidad decisiva en la aparición de la enfermedad. Hablamos en especial del sobrepeso y la falta de ejercicio como actitudes que fomentan el desarrollo de la diabetes mellitus tipo 2. El dato también viene confirmado por el incremento paralelo de las cifras de sobrepeso y de los casos de diabetes. No obstante, para la ciencia esta correlación ofrece también una gran oportunidad, pues una persona afectada puede hacer mucho en aras de mantener el control de su metabolismo. Es frecuente que un cambio en los hábitos de vida sea suficiente para, de forma natural y sin ningún efecto secundario, verse libre de trastornos.

Sobrepeso: el factor principal

Desde hace mucho tiempo está reconocida la estrecha relación existente entre la diabetes tipo 2 y el exceso de peso corporal, sobre todo en lo que se refiere a la acumulación de grasa abdominal. El valor deseable del Índice de Masa Corporal (IMC) en una persona de peso normal debe ser inferior a 25 kg/m^2. La fórmula para calcular el citado índice es:

$$IMC = Peso\ corporal\ (kg) / [Estatura\ (m)]^2$$

Por ejemplo, el cálculo para una persona que pesara 72, 5 kg y midiera 1,74 m es:
$$IMC = 72,5 / 1,74^2 = 23,9\ kg/m^2$$

La pérdida de peso es muy eficaz

Si se rebaja el peso y a eso se une un incremento de la actividad física, el resultado ofrece unos efectos al menos tan saludables como cualquier medicamento y, en cambio, carece de efectos secundarios. En muchos casos es suficiente con normalizar el peso corporal para conseguir la regularización global del metabolismo. Lo malo es que el tema de adelgazar resulta más fácil de decir que de llevar a la práctica. Se necesita disponer de una gran motivación y, además, de una considerable fuerza de voluntad. Lo mejor para llevar el proyecto a buen término es solicitar ayuda profesional. Debido a que el adelgazamiento y el ejercicio resultan tan eficaces, en varios países la sanidad pública o las entidades privadas de seguros médicos se hacen cargo, en todo o en parte, de los gastos que conllevan las terapias de adelgazamiento y los cursos de ejercicio físico.

> ▶ **Ejemplo: límites superiores de peso normal en un adulto**
>
> (IMC = 24,9 kg/m^2)
>
> ▸ 155 cm – 59,8 kg　　▸ 175 cm – 76,3 kg
> ▸ 160 cm – 63,7 kg　　▸ 180 cm – 80,7 kg
> ▸ 165 cm – 67,8 kg　　▸ 185 cm – 85,2 kg
> ▸ 170 cm – 72,0 kg　　▸ 190 cm – 89,9 kg

Un cambio en los hábitos de vida

Es el más importante método de tratamiento

Un cambio en el estilo de vida (la modificación del *lifestyle*) es hoy en día el tratamiento básico más importante en lo que se refiere a la diabetes mellitus tipo 2. Ese concepto del cambio del estilo de vida abarca tres ámbitos muy notables. El objetivo es la optimización de los hábitos de alimentación, la actuación en todo lo referente al ejercicio físico y la superación del estrés. El cambio de los hábitos vitales es un método tan efectivo que sirve como tratamiento tanto para la diabetes tipo 2 como para sus afecciones concomitantes, como pueden ser el sobrepeso, los trastorno del metabolismo de los lípidos, la elevada tensión arterial y el exceso de los niveles de ácido úrico. Si estos cambios no llegan a producir los efectos deseados, no hay más remedio que recurrir al uso de medicamentos. No debe ignorarse que existen determinadas situaciones vitales en las que, desde un primer momento, habrá que hacer uso de una medicación. Tu médico te informará, aconsejará y ponderará los tratamientos que sean más beneficiosos para tu caso.

Comer y beber de forma saludable

En la Antigüedad, Hipócrates recomendaba: «Que tu alimento sea tu medicina y que la medicina sea tu alimento». Ya en nuestros días, también sirve decir que comer y beber de forma saludable tienen la misión de suministrar al organismo las sustancias vitales que mantienen su estructura física y aseguran su capacidad de rendimiento. Al mismo tiempo debe impedir la carga que suponen las sustancias insalubres o perjudiciales. Por esa razón, el alimento y la bebida deben suministrar las calorías (energía) que más se ajustan a las necesidades del peso objetivo que nos hayamos propuesto. Esto significa que si el peso que te has marcado como objetivo está por debajo de tu peso actual, deberás refrenar la ingesta de calorías. Comer y beber de forma saludable tiene, además, la importante misión de suministrar al organismo la cantidad suficiente de agua, proteínas (albúminas), vitaminas, sustancias minerales y ácidos grasos insaturados, así como fibra. Las calorías vacías y las sustancias que recargan de forma innecesaria el metabolismo, como el azúcar, las grasas con alto contenido en ácidos grasos saturados y endurecidos, el alcohol y el ácido úrico, producen purinas, por lo que deben ser ingeridos en la menor cantidad posible.

Comer y beber: una necesidad básica

Ambas actividades son imprescindibles. Las comidas aportan al organismo una serie de sustancias vitales y nos ofrecen la posibilidad de mantener un encuentro con la familia y los amigos. Por eso mismo, la comida debe ser saludable y sabrosa, así como fácil de preparar. En la tabla del interior de la portada de este libro puedes encontrar una organización recomendable para las horas de las comidas de cada día. Las recetas que figuran en esta guía (a partir de la página 22) te ayudarán a hacer realidad el cambio en tu estilo de alimentación.

Un cambio en los hábitos de vida

El placer de hacer ejercicio

El organismo de los seres humanos está programado para el ejercicio. No importa cuál sea la actividad que practiques (gimnasia en un taburete, bailar sentado, nadar, ciclismo, marcha o *jogging*), lo importante es que el ejercicio se adapte a tu capacidad de rendimiento. Quien hace un esfuerzo corporal mantiene en forma su organismo. Los científicos del deporte recomiendan que al menos dos o tres veces por semana hay que fatigarse, de una forma razonable, con un trabajo físico con el que el nivel de pulsaciones se sitúe en una cifra igual a la que resulta de restar a 180 el número de años del interesado. Esto es debido a que, como cualquier otro, el músculo cardíaco también precisa entrenamiento.

El remedio milagroso del ejercicio

Gracias al ejercicio, tanto la musculatura como el corazón y los órganos internos alcanzan correctamente su pleno empuje. El ejercicio hace que la insulina actúe mejor y, en consecuencia, también sirve para rebajar el nivel de azúcar en sangre; además, se refuerza el trabajo del metabolismo de las grasas y los valores de colesterol son afectados de una forma muy positiva, pues se eleva el HDL o colesterol «bueno». Los estímulos mecánicos se encargan de que las articulaciones se nutran y ventilen y que las células cartilaginosas puedan producir sustancia nueva. Además, se incrementa el buen humor debido a que mejora la distribución de las hormonas de la felicidad, las endorfinas. Las personas físicamente activas pueden soportar mejor las cargas de la vida cotidiana y disponen de una buena defensa frente a las infecciones, debido a que su sistema inmunitario se acelera e incrementa la producción de células defensivas.

Impedir la hipoglucemia, pues el ejercicio disminuye la necesidad de insulina

Si te estás tratando con medicamentos que contribuyen a incrementar la liberación de la insulina producida por tu propio organismo o si te inyectas insulina, para cualquier actividad física deberás tomar cada 30 minutos 1 unidad equivalente (UP/UC) suplementaria. En caso de que también quisieras aprovechar el ejercicio para reducir de forma eficaz tu peso corporal, resultaría deplorable que encima tuvieras que comer como suplemento para evitar la bajada de azúcar o hipoglucemia. Pide consejo a tu médico si, a la vista de tu actividad física, puedes reducir la dosis de la medicación antidiabética, sobre todo si quieres ahorrarte calorías debido a que tu peso es aún demasiado alto.

Relajarse con regularidad

Cuando una persona padece estrés, desencadena los mecanismos necesarios para huir a toda velocidad del peligro o para entablar una pelea. Para ello, se incrementa la distribución de adrenalina, la hormona del estrés. Esto se refleja, entre otros signos, en la dilatación de las pupilas, en una respiración acelerada, en un ritmo más rápido de los latidos del corazón, y en que se libera del hígado el azúcar almacenado como rápido proveedor de energía, lo que produce un aumento del nivel de glucosa en sangre. Si existen determinadas situaciones que te suelen producir estrés, de ellas dependen las estrategias que debas adoptar para dominar esa tensión estresante. Existe un gran número de técnicas de relajación, como el entrenamiento autógeno, la relajación muscular progresiva, el *qigong* o el yoga. Lo mejor es que pruebes a cuál de ellos te adaptas mejor. Existe otro remedio milagroso, que ya conoces, para eliminar el estrés: se denomina «ejercicio físico» y el trabajo muscular que lo integra sirve para suprimir muy deprisa la hormona del estrés, la adrenalina.

> ➤ **Regla práctica para la dosificación del esfuerzo**
>
> **La inactividad debilita, el ejercicio fortalece, la sobrecarga daña.**
> Antes de iniciar tu nuevo programa de ejercicios físicos, debes someterte a un reconocimiento médico que incluya una recomendación sanitaria acerca del tipo de deporte más adecuado para ti.

Diabetes mellitus

Preguntas más frecuentes

¿Cómo puedo evaluar mi riesgo individual de padecer la diabetes de tipo 2?

Al responder a las siguientes preguntas, cuantas más veces contestes con un «Sí», mayor será tu riesgo personal de desarrollar la diabetes de tipo 2. ¿Tienes parientes de primer grado que padezcan la enfermedad? ¿Padeces sobrepeso? ¿Tienes un excesivo perímetro de cintura (mujeres › 88 cm; hombres › 102 cm)? ¿Tienes alta la tensión arterial? ¿Se ha incrementado tu nivel de grasas (lípidos) en sangre? ¿Se ha incrementado tu nivel de ácido úrico? ¿Tomas medicamentos para normalizar la tensión o los valores sanguíneos?

¿Qué se entiende como perturbación en la tolerancia a la glucosa?

Después de dos horas de esfuerzo físico se administra una dosis oral de 75 g de glucosa se realiza el correspondiente test de tolerancia: un registro de azúcar en sangre que sea superior a los 140 mg/100 ml (7,8 mmol/l) supone que existe una perturbación en la tolerancia a la glucosa. En estos casos, el esfuerzo físico debe ser realizado bajo control médico.

¿Cuándo se puede dar como seguro el diagnóstico de la diabetes?

Si el nivel de azúcar en sangre, con el paciente en ayunas, es superior a 110 mg/100 ml (6,1 mmol/l) o si después de dos horas de esfuerzo físico se administran 75 g de glucosa y el registro de azúcar en sangre es superior a los 200 mg/100 ml (7,8 mmol/l) se puede dar por seguro el diagnóstico de diabetes.

¿Qué es lo que se entiende como «memoria del azúcar en sangre»?

La hemoglobina es el pigmento rojo colorante de la sangre y en ella queda fijada la glucosa (azúcar) en nuestro organismo, de forma que con menos azúcar hay un valor más bajo del nivel de azúcar en sangre, y un exceso de azúcar provoca valores muy elevados de ese nivel. Esa hemoglobina glucosilada (o glicosilada, es decir, sacarificada) tiene un valor HbA1c que se identifica con el contenido a largo plazo de azúcar en sangre o «memoria del azúcar en sangre». Es un valor que permite deducir el nivel medio del azúcar en sangre a lo largo de los últimos 120 días.

Preguntas más frecuentes

¿Llega a desaparecer la diabetes tipo 2?

La disposición genética para la diabetes tipo 2 es perdurable. Sin embargo, por medio de un oportuno y continuado cambio en los hábitos de vida que lleven a la normalización del peso corporal y con la práctica regular de ejercicio se consigue que casi desaparezcan los síntomas al completo. Un tratamiento precoz y perseverante te asegurará una duradera carencia de trastornos.

¿Qué es exactamente la «diabetes de los mayores»?

Se trata de una denominación que se utilizaba hace tiempo para nombrar a la diabetes tipo 2 y se debía a que tal enfermedad solía afectar a personas de edad superior a los cuarenta años. No obstante, en la actualidad este tipo de diabetes se presenta cada vez con más frecuencia en gente de menos edad, e incluso en adolescentes y niños. Este desarrollo de la enfermedad no es muy novedoso, pues ya en 1968 se realizaron en Múnich (Alemania) actividades de reconocimiento precoz de la diabetes en niños de corta edad.

¿Qué es un MODY?

El acrónimo MODY (*Maturity Onset Diabetes of the Young*) es un tipo poco frecuente de diabetes que afecta a los jóvenes. Una diabetes MODY existe después de que, a causa de un defecto genético exclusivo, se produzca un trastorno en la secreción de insulina aunque, en principio, el efecto de esa hormona no resulte alterado.

¿Son perjudiciales los valores elevados de azúcar en sangre?

A largo plazo, esos altos niveles perjudican a una gran cantidad de órganos. Las complicaciones más típicas son las modificaciones de los vasos sanguíneos, tanto grandes como pequeños, con perturbaciones del fondo de ojo, de los riñones y de los pies. El deterioro nervioso produce alteraciones de la sensibilidad, neuropatías y trastornos sexuales en el varón.

¿Qué tipos de deportes son adecuados para los diabéticos?

Hay que dedicarse, sobre todo, a los deportes que sirvan de entrenamiento para el sistema cardiovascular. Los más indicados son la marcha nórdica, el *jogging*, la bicicleta, las caminatas o la natación. En los diabéticos sometidos a medicación o a tratamiento de insulina o que puedan sufrir peligrosas bajadas de azúcar, resultan inapropiados los deportes de motor, el buceo, el parapente o la escalada.

Carbohidratos y nivel de azúcar en sangre

Carbohidratos: almidón y azúcar

El término «carbohidratos» es una denominación de tipo genérico que se refiere a todas las clases de azúcar. Entre los carbohidratos se cuenta con una gran variedad de compuestos.

- El azúcar de uva (glucosa) y el de fruta (fructosa) son azúcares sencillos o primarios (monosacáridos), que constan de una única molécula de azúcar.
- El azúcar común (sacarosa), el de malta (maltosa) y el de leche (lactosa) son azúcares dobles o secundarios (disacáridos), en los que se enlazan dos moléculas de azúcar.
- El almidón es un azúcar múltiple (polisacárido) en el que se combinan más de mil moléculas de azúcar.

Así llegan los carbohidratos a la sangre

Los hidratos de carbono se encuentran en forma de almidón en los cereales y las patatas y como azúcares en la fruta y la leche. Siempre que un ser humano ingiere alimentos que contienen carbohidratos, después de la masticación, la insalivación y la deglución esas sustancias pasan por el esófago y el estómago hasta llegar al intestino delgado. Los monosacáridos van directos desde el intestino a la sangre, mientras que los disacáridos y los almidones precisan en primer lugar de la intervención de enzimas para escindirse en azúcares sencillos que luego se incorporan al torrente sanguíneo.

UP, UC, UCH

La *Bread Unit* UP («unidad de pan») y la *Carbohydrate Unit* UC o UCH («unidad de carbohidrato») son estimadores de la participación de los hidratos de carbono en los alimentos.

Una unidad corresponde a la ración necesaria (en gramos) de un alimento para disponer de 10 a 12 g de carbohidratos. Tal cantidad de hidratos de carbono corresponde, por ejemplo, a 25 g de pan integral, 15 g de arroz sin cocer o 200 ml de leche.

Los carbohidratos tienen efectos muy diversos: índice glucémico

Los hidratos de carbono incrementan el nivel de azúcar en sangre. Dependiendo de cuál sea el contenido de carbohidratos de los alimentos, este incremento puede ser más o menos intenso y rápido. El índice glucémico (IG, en castellano, o bien GLYX o GI, de *Glycemic Index*, en inglés) compara la permanencia e intensidad de la subida de azúcar en sangre debida a la ingesta de 50 g de diversos alimentos con contenido de hidratos de carbono. Como magnitud de comparación se trabaja con 50 g

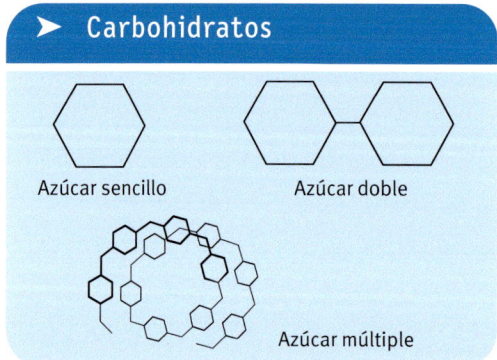

► Carbohidratos

Azúcar sencillo Azúcar doble

Azúcar múltiple

Carbohidratos y nivel de azúcar en sangre

de glucosa, a los que se asigna un IG de 100. Cuanto más alto sea el índice glucémico, más intenso y rápido será el efecto del incremento de azúcar en sangre. En las comidas no se puede captar la influencia combinada del IG, pues el valor de ese índice corresponde a un alimento puro. Además el IG varía de una persona a otra.

Carga glucémica

La introducción del concepto adicional de «carga glucémica» (CG, en castellano, o GL, de Glycemic Load, en inglés) se ha hecho con el objetivo de poder tener en cuenta la cantidad de carbohidratos ingeridos. La fórmula para calcular su valor es: CG = IG x (contenido de carbohidratos de la ración, en gramos) /100.

Perspectiva acerca de UP/UC (UCH), contenido de carbohidratos, IG y CG

En la tabla que aparece a continuación se ofrece una panorámica sobre las unidades de estimación, contenido de hidratos de carbono, IG y CG de una serie de alimentos seleccionados por su contenido de carbohidratos. Lo mejor es decidirse por las comidas integradas por alimentos con un valor CG que esté por debajo de 7. Si se ingieren los correspondientes a valores superiores de CG, lo mejor es decidirse por raciones más pequeñas o combinadas entre las comidas (véase la página 14). De esa forma no se recargará en exceso el nivel de azúcar en sangre.

El cerebro y los nervios necesitan carbohidratos

Los adultos necesitan cada día una aportación de 180 gramos de glucosa para abastecer el cerebro, los nervios y los glóbulos rojos o hematíes. Si se ingieren pocos hidratos de carbono, el organismo se encargará de producir el azúcar que necesita a base de extraerlo de otras fuentes. Por tanto, puedes mantener la calma en lo que se refiere al efecto de la subida de los niveles de azúcar provocada por los carbohidratos, pues el azúcar estará presente por sí mismo en la sangre aunque no tomes hidratos de carbono.

➤ Unidades de estimación, contenido de carbohidratos, IG y carga glucémica

Alimentos seleccionados con contenido de carbohidratos	Esta cantidad corresponde a 1 unidad de estimación UP/UC (UCH)	Contenido de carbohidratos por unidad de estimación	IG*	Carga glucémica por unidad de estimación
Cereales y subproductos				
Copos de maíz	15 g	12 g	84	10
Harina de avena	15 g	11 g	61	7
Harina de maíz	15 g	11 g	68	7
Pan de multicereales	25 g	11 g	45	5
Mezcla de muesli	15 g	10 g	52	5
Arroz inflado para el desayuno	12 g	10 g	82	8
Pan integral de centeno triturado	25 g	10 g	58	6
Pan blanco	20 g	10 g	70	7
Pan integral de trigo triturado	25 g	10 g	69	7
Patatas, arroz, pasta				
Puré de patatas (en copos)	15 g	11 g	73	8
Patata cocida	60 g	11 g	83	9
Arroz natural	15 g	11 g	55	6
Arroz pulido	15 g	12 g	56	7
Espaguetis	15 g	11 g	41	5
Espaguetis integrales	15 g	10 g	37	4
Batata	45 g	11 g	54	6
Fruta				
Piña	85 g	11 g	66	7
Manzana	90 g	10 g	36	4
Plátano	50 g	11 g	53	6
Pera	85 g	11 g	36	4
Naranja	130 g	11 g	43	5
Pasas	15 g	10 g	64	6
Sandía	130 g	11 g	72	8
Uvas	70 g	11 g	52	6
Verdura y legumbres secas				
Judías verdes	200 g	10 g	48	5
Judías blancas (secas)	30 g	10 g	31	3
Guisantes	100 g	11 g	48	5
Zanahorias	200 g	10 g	71	7
Garbanzos (secos)	25 g	11 g	33	4
Lentejas (secas)	25 g	10 g	29	3
Leche y productos lácteos				
Yogur desnatado y azucarado	75 g	10 g	33	3
Leche entera	200 g	10 g	27	3
Azúcar, miel				
Azúcar de fruta (fructosa)	10 g	10 g	23	2
Azúcar común (sacarosa)	10 g	10 g	65	7
Miel	12 g	10 g	73	7
Azúcar de uva (glucosa)	10 g	10 g	100	10
Bebidas				
Zumo de manzana	90 g	11 g	41	5
Refrescos azucarados	150 g	12 g	68	8
Zumo de naranja	120 g	11 g	57	6
Bebidas «para deportistas»	85 g	12 g	95	11
«Varios»				
Cacahuetes	130 g	11 g	14	2
Patatas chips	25 g	10 g	54	5
Maíz chip	20 g	12 g	73	9
Arroz con leche	45 g	10 g	61	6
Palomitas de maíz	15 g	10 g	55	6
Chocolate	20 g	11 g	49	5

* El índice glucémico es el efecto sobre el azúcar en sangre de 50 g de carbohidratos de un determinado alimento al compararlo con 50 g de glucosa, a cuyo IG se le asigna un valor de 100.

Equilibrio entre el azúcar en sangre y el metabolismo

Comer «correctamente» a pesar de la diabetes

Así actúan las comidas combinadas

Dado que en la diabetes tipo 2 falta la primera respuesta rápida de la insulina (véase la página 6), puedes recargar de forma óptima tu metabolismo si procuras que los carbohidratos lleguen despacio desde el intestino hasta la sangre. Por tanto, debes elegir sobre todo alimentos que tengan una baja carga glucémica (CG < 7, véase la página 13). De esa forma la ingesta de almidones y azúcares se retardará o «desacelerará» al combinar comidas que consten de cuatro grupos distintos de alimentos. Por ejemplo, se pueden consumir alimentos ricos en almidón con verdura abundante en fibra, saludables aceites vegetales y productos ricos en proteínas. Los alimentos que contienen azúcar sirven muy bien como postres después de degustar una de estas comidas combinadas.

Carbohidratos lentos y efecto de la insulina

Si recibes un tratamiento con insulina normal, comienza a tener efecto al cabo de quince a treinta minutos después de la inyección, en cuyo caso los hidratos de carbono lentos van en beneficio del plan de comidas. Si lo que te inyectas para las comidas son análogos de insulina de efecto directo, para los carbohidratos lentos puede ser necesario inyectar tales análogos antes de comer, o incluso inmediatamente después, a fin de impedir la bajada del nivel de azúcar. Consulta el tema con tu médico o asesor.

Comidas principales y entre horas

Debes acostumbrarte a preparar, con la mayor frecuencia posible, tus comidas principales con alimentos que pertenezcan a cuatro grupos distintos de alimentos. Consume productos ricos en almidón, como cereales y patatas, con hortalizas o verduras crudas aderezadas con una pequeña cantidad de aceite vegetal de primera calidad; para completar la comida toma alimentos ricos en proteínas, como pescado, carne o productos lácteos. Para comer entre horas debes mezclar, siempre que te sea posible, los integrantes de al menos dos grupos distintos de alimentos, por ejemplo, una pieza de fruta con un yogur natural o un vaso de leche o suero. Tales comidas no solo rebajan el nivel de azúcar en sangre, sino que te saciarán durante bastante tiempo y te ayudarán a adelgazar y mantener el peso.

Normaliza tu peso de forma duradera

Olvídate de las promesas publicitarias que te ofrecen «adelgazar 3 kg en tres días». Incluso aunque lo consiguieras, el «efecto yo-yo» (o «efecto rebote») no se haría esperar demasiado. Quien quiera bajar 10 kg de peso debe planificar para esa misión un período de tiempo de diez a veinte semanas, pues lo realista es perder de 500 g a 1 kg por semana. Así pues, se necesita tanto la motivación para empezar como una buena dosis de resistencia y aguante. Los carbohidratos lentos de

Equilibrio entre el azúcar en sangre y el metabolismo

las comidas combinadas te pueden servir de ayuda para ser perseverante debido a que producen una mejor y más duradera sensación de saciedad. Es evidente que puede darse alguna semana intermedia en la que no adelgaces, ya sea porque te han invitado a una fiesta, has estado de vacaciones o te has sometido a un estrés excesivo. En esos momentos puedes considerar un éxito notable el mero hecho de que, en lugar de adelgazar, te limites a mantener tu peso anterior. Por otra parte, esas semanas forman parte de la vida normal y es bueno que te entrenes desde el principio para que cualquier cambio en tu situación vital no te disuada de tu auténtico proyecto. Mantén tu objetivo siempre a la vista e incluye en tu programa una actitud perseverante después de esa «semana de excepción».

La grasa buena protege los vasos

Las afecciones concomitantes más frecuentes de la diabetes de tipo 2 son las alteraciones del metabolismo de los lípidos y una alta tensión arterial. Ambos trastornos sobrecargan el sistema cardiovascular. Por tanto debes prestar atención tanto a la cantidad como a la calidad de los aceites y las grasas que utilizas. Ingiere, sobre todo, aceites vegetales de buena calidad, como pueden ser el de oliva o de soja, así como margarina carente de grasas hidrigenadas. Entre 30 y 40 g visibles de aceites y grasas vegetales son suficientes como ración diaria. También sirven de protección del sistema cardiovascular las grasas contenidas en el pescado de aguas frías, como los arenques, el salmón o la caballa. Tomar una o dos veces por semana una comida principal compuesta por pescado aporta puntos favorables a tu salud.

Consumir poca sal

La sal contiene sodio y este elemento químico retiene el agua en el organismo, lo que provoca un incremento de la tensión arterial. Este almacenamiento de agua se percibe en la inflamación de dedos y tobillos y, además, también se acusa en la báscula. En consecuencia toma la menor cantidad posible de sal; ten en cuenta que existen alimentos, como el pan, el queso y el embutido, que ya la llevan incorporada en su preparación. Es mejor que sazones tus comidas con sabrosos toques de especias y hierbas aromáticas. El potasio, en cambio, drena el agua del organismo y actúa de antagonista contra el sodio. Preocúpate de un buen aporte de potasio a base de comer abundante verdura. Las patatas también son una magnífica fuente de potasio, sobre todo si las sirves cocidas y sin pelar, por lo que reducen el nivel de la tensión arterial.

El potasio ante la insuficiencia renal

Cuando se padecen trastornos en la función renal puede ser necesario moderar la ingesta de potasio. Consulta el tema con tu médico.

Rebajar el nivel de ácido úrico

La alteración metabólica que provoca la diabetes tipo 2 afecta con frecuencia al contenido en sangre del ácido úrico, que es el producto de degradación de las purinas, el componente de los ácidos nucleicos. En su forma de ADN (ácido desoxirribonucleico) son las portadoras de la información genética. Las purinas son elementos fundamentales de las células vegetales y animales. Existe un elevado nivel de purinas en las vísceras de los animales y también en el pescado de talla pequeña, como las anchoas.

> ➤ **Recomendaciones para rebajar los niveles de ácido úrico**
>
> › Comer la menor cantidad posible de vísceras.
> › Moderación con la carne, las aves, el pescado y las legumbres secas.
> › Suprimir curas de ayunos.
> › Suprimir dietas pobres en carbohidratos.
> › Beber mucho líquido.
> › Suprimir el entrenamiento anaeróbico con formación de ácido láctico.

Errores más *frecuentes*
sobre el tema de comer y beber

Los diabéticos pueden usar sin limitaciones los productos dietéticos

Los productos dietéticos para diabéticos contienen sustitutos del azúcar y/o edulcorantes en lugar del habitual azúcar común. Los productos, según los países, pueden llevar en su etiquetado inscripciones del tipo: «Para alimentación especial en caso de diabetes mellitus dentro del marco de un plan de dieta». Los productos dietéticos deben ser tenidos en cuenta a la hora de hacer el cálculo de los nutrientes y han de limitarse de acuerdo con el plan de la dieta.

La fructosa es tan saludable como el azúcar común

La fructosa tiene un índice glucémico más bajo que el azúcar común. Sin embargo, para ambos tipos de azúcar se debe aplicar la norma de un consumo máximo diario de unos 40 g; eso es debido a que el exceso de azúcar no solo provoca sobrepeso sino que, además, incrementa el nivel de triglicéridos en sangre, lo que contribuye a que se acelere la calcificación de los vasos sanguíneos y se espese la sangre.

Los zumos no azucarados son una bebida adecuada para los diabéticos

La indicación «Sin azúcar añadido» significa tan solo que a ese producto no se le ha incorporado un suplemento de azúcar común. Sin embargo y en función del tipo de fruta de que se trate, ese zumo puede contener de 6 a 12 g de azúcar propio por cada 100 ml de líquido, por lo que estos productos deben ser ingeridos con precaución.

El queso *light* ayuda a adelgazar en todos los casos

Ese tipo de quesos contiene, más o menos, un 17 por ciento de materia grasa total, lo que corresponde a un 30 por ciento de grasa en masa seca. Solo puede ahorrar calorías el que cambie una rebanada de queso extragraso, 45 por ciento de grasa en masa seca, por otra del mismo peso de queso *light*. Si las rebanadas pesan 25 g, el monto del ahorro puede ser de unas 20 kcal.

Errores más frecuentes

Con la verdura no hay equivocaciones, se puede tomar la que se desee

No existe ningún alimento que se pueda comer de forma ilimitada. Se ganará peso al ingerir más de lo que se consume. Y eso también se puede aplicar a la saludable verdura.

Los plátanos contienen más azúcar que las manzanas

La afirmación es correcta si se refiere a dos raciones del mismo peso, por ejemplo, de 100 g. Sin embargo, al considerarlas por piezas, mientras un plátano pelado pesa unos 100 g y contiene alrededor de 21 g de azúcar, una manzana grande y bonita a la que se le haya retirado el corazón con las pepitas pesa por encima de los 200 g y contiene unos 23 g de azúcar.

La carne de pavo tiene menos calorías que la de cerdo

La afirmación solo sirve si se compara el pavo con carne grasa de cerdo, por ejemplo, la de cabeza del lomo. Sin embargo, las piezas magras de carne de pavo aportan casi tantas calorías como la carne magra de cerdo. Mencionemos como ejemplo que 100 g de carne de pechuga de pavo suministran 105 kcal y que el mismo peso de escalope de cerdo aporta 106 kcal.

El que come fruta, en lugar de golosinas, adelgaza

Quien, por ejemplo, come una nectarina de unos 200 g en lugar de una barrita de chocolate de 20 g, se alimenta de una forma baja en grasas e ingiere vitaminas y minerales, pero las calorías son casi idénticas en ambos casos.

Comer después de las seis de la tarde hace engordar

Lo único que cabe decir, de nuevo, es que solo se gana peso si se come más de lo que se consume. No importa la hora a la que se haga. Por tanto, nadie debe preocuparse si debe, o quiere, comer después de las seis de la tarde.

El importante programa de acompañamiento

El ejercicio es el todo: aprovecha cualquier oportunidad

Para quemar las calorías sobrantes resulta muy útil cualquier actividad, por pequeña que sea, pues la suma de todo el ejercicio que hagas es la que te llevará a conseguir tu objetivo. Hasta un ligero incremento de las actividades de tu quehacer diario puede constituirse en un componente del éxito. Así que, por principio, procura ir a buscar por ti mismo todas las cosas que necesitas, pues el lema es: «Cualquier paso que des te hará adelgazar». Sube por la escalera y no uses las mecánicas o el ascensor, haz recorridos cortos en bicicleta o a pie sin echar mano del coche y, si utilizas el transporte público, apéate todos los días una parada antes o después de tu destino habitual.

Levanta el vuelo de nuevo y preocúpate de tu correcto equilibrio energético

Lo adecuado es que tu organismo queme de forma permanente las grasas y los carbohidratos. Olvida todo lo que se haya referido en alguna ocasión al «pulso correcto» para una combustión ideal de las grasas. Se puede leer por todos los sitios que la combustión de las grasas se empieza a movilizar al cabo de treinta minutos, y eso provoca que una persona cuyo trabajo solo le conceda una pausa de veinte minutos a la hora de comer no se decida a dar ni un paseo porque piense que no le va a aportar ningún beneficio. Que el ejercicio provoque o no la pérdida o el mantenimiento del peso es un tema que solo depende del equilibrio energético. Si absorbes menos calorías de las que consumes por medio del trabajo muscular, tienes un balance energético negativo y eso resulta muy positivo si deseas adelgazar, pues significa que tienes una carencia de aportación de la energía que precisas para tu actividad y tu organismo acabará por generarla a partir de su propia grasa.

Planificación óptima del entrenamiento

Es mejor que pienses en hacer ejercicio antes de comer y no entrenarte con el estómago lleno. Además, puedes aprovechar el efecto de la poscombustión si comes algo durante la hora siguiente a hacer ejercicio. En la actualidad, la medicina deportiva recomienda una mezcla de ejercicio de resistencia con otro de musculación, por ejemplo, sesiones de ejercicios como las caminatas, el ciclismo o la natación combinadas con otras de fuerza como la gimnasia o el entrenamiento con aparatos.

No sobrevalorar el consumo de calorías

El ejercicio solo ayuda a adelgazar y a mantener el peso, mientras que no hay que subestimar el tiempo necesario de entrenamiento para compensar los tentempiés entre horas. Si, por ejemplo, picas de la nevera un trozo suplementario de 30 g de queso, deberás caminar durante unos 22,5 minutos para reducir con el entrenamiento

El importante programa de acompañamiento

> ➤ **Consumo (kcal) para 15 minutos de práctica de diversas actividades**
>
> › Nadar a estilo braza   160 kcal
> › Caminar / Marcha   80 kcal
> › Jugar al golf   85 kcal
> › Correr (11 km/h)   190 kcal
> › Bicicleta (15 km/h)   100 kcal
> › Bailar   50 kcal

esas 120 kcal. Una barra de chocolate, que aporta más de 100 kcal, te exige 30 minutos de baile hasta que la consumes por completo.

Todos los comienzos son difíciles

Quien trabaja con una motivación total y comienza a un ritmo excesivo, puede que después del primer intento ya no quiera seguir más porque le duela todo el cuerpo. No te sobrecargues, comienza con breves sesiones de ejercicios y procura entrenar todos los días para no tener que enfrentarte a obstáculos innecesarios. Empieza con una duración del ejercicio que puedas superar en todos los casos, por ejemplo, unos 10 minutos. Camina en una dirección durante 5 minutos, da la vuelta y camina hacia el otro lado otros 5 minutos. De esa forma no experimentarás ningún tipo de sobrecarga. Luego incrementa poco a poco y de forma continua el tiempo de entrenamiento. Cuando vayas adquiriendo condición física podrás elevar la intensidad de los ejercicios, intercalar intervalos en los cuales te muevas a mayor velocidad, seleccionar un recorrido que tenga un par de pendientes o incluso decidirte a realizar algún que otro *sprint*. Cuanto más experto seas, más te acometerá el deseo de hacer ejercicio.

Mantén la tranquilidad

Resulta fundamental evitar factores estresantes. La intranquilidad, los disgustos y las cargas emocionales provocan la secreción de adrenalina, la hormona del estrés, lo que altera el metabolismo; este incremento de tensión arterial afecta sobre todo a los diabéticos.

Medicamentos para acompañar la terapia básica

A quien para mantener el control de su metabolismo no le resulte suficiente la combinación del cambio de los hábitos alimentarios y la práctica de ejercicio, deberá considerar la posibilidad de acudir al médico para que le prescriba los medicamentos precisos. Existen comprimidos con efectos muy variados sobre el metabolismo y distintos tipos de insulina. Consulta con tu médico cuáles te resultan más beneficiosos y se adaptan mejor a tu situación personal.

Acude con regularidad a los reconocimientos médicos recomendados

En el programa de acompañamiento es imprescindible la existencia de controles médicos. Debes concertar una serie regular de citas con el médico que te atiende. Para los diabéticos se pueden sugerir una serie de determinados controles cada tres meses y, además, diversos reconocimientos al menos una vez al año.

> ➤ **Cuatro controles importantes en caso de diabetes mellitus tipo 2**
>
> **1.** Cada tres meses medir el valor HbA1c, el peso corporal, la tensión arterial y hacerse un control de los pies.
> **2.** Al menos una vez al año controlar el metabolismo, revisar los lípidos, el ácido úrico y la función renal, así como practicar un electrocardiograma.
> **3.** Al menos una vez al año acudir al oftalmólogo para un examen de fondo de la vista.
> **4.** Al menos una vez al año acudir al odontólogo para hacer una revisión dental.

Comer y beber a lo largo del día

Aliméntate de forma regular tres veces al día y, si fuera necesario, toma dos o tres tentempiés entre horas. Elige siempre que puedas alimentos saludables y de calidad. Puedes encontrar propuestas sobre las raciones diarias en las páginas 124 y 125 de esta obra, en los textos relativos a la pirámide de alimentos. Ajusta tus comidas a los consejos del interior de la portada y con las recetas descritas a partir de la página 22. Mantendrás estable tu nivel de azúcar y no habrá bajones en tu curva de rendimiento.

Desayuno

Después del ayuno nocturno, los almacenes de energía del hígado se han vaciado. Si se desea iniciar bien la jornada, se deben rellenar esos depósitos. A quien le apetezca un desayuno copioso puede recurrir al pan integral con queso combinándolo con una ración de fruta y verdura cruda. A las personas que les guste el dulce pueden recurrir al muesli con copos de cereales, leche o yogur y complementar el desayuno con una pieza de fruta y unas almendras o unas nueces.

A media mañana

No todos precisan de un segundo desayuno. Quien esté recibiendo tratamiento con insulina debe consultarlo con su médico o asesor si es necesario que tome un tentempié a media mañana. Para el resto de las personas cabe decir que solo deben hacer esa comida entre horas si sienten hambre de verdad. Lo ideal para este piscolabis es una combinación de un producto lácteo y una pieza de fruta.

Almuerzo: comida caliente o bocadillo

Ya sea comida fría o caliente, lo mejor en todos los casos es combinar alimentos con contenido de almidón (pasta, arroz, *bulgur* o patatas) con una buena cantidad de verduras o ensalada y completar la comida con una ración pequeña de algún alimento que aporte proteínas, ya sea pescado, carne, legumbres secas o algún producto lácteo. Para preparar esta comida se deben utilizar pequeñas cantidades de aceite de primera calidad, como el de oliva o de soja.

A media tarde

Para este momento sirven las mismas recomendaciones que las hechas para el segundo desayuno o tentempié de media mañana. No necesitarás comer a esta hora si aún te sientes plenamente saciado con la comida o tu insulinoterapia no exige que tomes algo en este momento.

Cena: comida caliente o bocadillo

También aquí valen las mismas normas que se han mencionado para el almuerzo. Se puede tomar pan integral con queso o fiambre y complementarlo con una buena cantidad de ensalada aliñada con aceite. Si te apetece comida caliente, haz una selección similar a la indicada para el almuerzo. Quien esté activo y despierto hasta muy

Comer y beber a lo largo del día

tarde, puede necesitar tomar algo antes de irse a la cama. Lo ideal es un producto lácteo.

Comer fuera de casa

Si sueles comer en un restaurante o en tu empresa, debes basarte en la comida combinada. Los alimentos ricos en almidón deben acompañarse de abundante ensalada o verduras y complementarse con otros de contenido proteínico. Si el servicio es un bufet, la tarea será mucho más sencilla, pues podrás elegir los alimentos de la misma forma que harías en casa.

> **Utilización de la insulina fuera de casa**
> Consulta con tu médico cuál es la mejor forma de aplicarte la insulina de mediodía en caso de que te veas obligado a comer fuera de casa.

Evitar las bajadas de azúcar

Si el nivel del azúcar es de 80 mg/100 ml (menos de 4,4 mmol/l), el cerebro acusa los primeros síntomas de hipoglucemia. La evidencia y puntualidad con que se perciben estos síntomas depende, entre otros, de la velocidad a que baje el valor del azúcar en sangre. Cuanto más lenta sea la bajada, más trabajo costará identificar por uno mismo los trastornos. Debes informarte entre familiares y allegados para tomar conciencia de los síntomas de la hipoglucemia que pueden ser, por ejemplo, palidez de la piel, un ojo cerrado a causa de la diplopía (doble imagen) o irritabilidad.

> Los signos típicos de la hipoglucemia son hambre compulsiva, falta de concentración, rodillas vacilantes, trastornos de la visión (diplopía), sudoración fría, palidez del rostro, voz temblorosa (un poco balbuciente, como la que aparece después de consumir alcohol en exceso) y una inexplicable irritabilidad que puede llegar a la agresividad.

Un nivel de azúcar en sangre por debajo de 60 mg/100 ml (menos de 3,3 mmol/l) puede hacer perder el conocimiento y, en consecuencia, debe ser tratado de inmediato sin pérdida de tiempo.

> Las medidas inmediatas ante la presentación de una hipoglucemia pasan por beber o comer sin pérdida de tiempo algún alimento integrado por carbohidratos rápidos:
> › Ingerir pastillas de azúcar de uva (glucosa)
> › Beber 200 ml de alguna bebida azucarada, ya sea zumo, refresco o algo similar.

Si tu diabetes se trata sin medicamentos ni insulina, tu nivel de azúcar puede bajar hasta los 80 mg/100 ml, pero nunca ha de situarse por debajo de los 60 mg. En tales casos no precisarás llevar contigo pastillas de glucosa o cualquier otro tipo de carbohidratos rápidos como reserva imprescindible. Solo si recibes tratamiento con medicamentos destinados a que tu páncreas produzca más insulina o si te inyectas directamente esa insulina, tu nivel de azúcar puede bajar tanto que te provoque un desvanecimiento.

> No pierdas tiempo en informar a tu médico si sufres un ataque de hipoglucemia, incluso aunque te parezca de carácter leve. Si se repitieran con frecuencia esos episodios, puede ser que precises un reajuste en las dosis de los medicamentos que utilizas.

Las causas de presentación de una hipoglucemia pueden ser:
› Comer muy pocos carbohidratos.
› Mucho tiempo transcurrido desde la última comida.
› Inyectarse demasiada insulina.
› Mucho tiempo transcurrido entre la toma de medicamentos o la inyección de insulina y la comida.
› Demasiado ejercicio, no solo deporte sino, además, limpiar las ventanas, bailar…
› Inhibición de la producción de insulina por el cuerpo por el propio organismo a causa del exceso de alcohol, pues se trata de un hepatotóxico que favorece el deterioro del hígado.

Garantizadas totalmente para los diabéticos
Cocinar deprisa y disponer de mucho tiempo para disfrutar

En un máximo de media hora se puede colocar sobre la mesa una comida sabrosa, lo que no impide que, a pesar de todo, se tengan en cuenta los hidratos de carbono y las calorías. Se trata de algo que se puede comprobar en las sugerencias de las recetas que aparecen a continuación. Ninguno de estos platos es complicado de preparar, y aunque puede que alguno de ellos parezca un poco exótico, el cambio es algo que nos alegra el día a día culinario.

Para dos o para toda la familia, para invitados y fiestas; en estas recetas nunca falta un cambio: ideas para el desayuno, para un tentempié, bebidas, ensaladas, sopas y otros platos pequeños, además de recetas de comidas principales extraídas de la cocina vegetariana o con carne o pescado, y, para terminar, unos deliciosos postres. Se garantiza la alegría y el placer de comer. Encontraremos platos que, además de ser adecuados para los diabéticos, son beneficiosos para cualquier persona, resultan saludables, pobres en calorías y se preparan sin una gran inversión de tiempo.
Los datos del valor nutricional, el contenido de carbohidratos y las cifras de UC y UP que se indican en cada una de las recetas facilitan en todo momento hacerse una idea de conjunto.

Desayunos, snacks y bebidas

Quark con fruta
y copos de maíz

PARA 2 PERSONAS
1 naranja ecológica
250 g de *quark* desnatado
50 ml de leche, 1,5 por ciento de grasa
1 cucharadita de miel líquida
2 cucharadas de zumo de naranja
1 manzana
2 dátiles secos
4 cucharadas de copos de maíz integrales
Hojas frescas de menta
PREPARACIÓN: 20 minutos

1. Lavar la naranja, secarla bien y recoger 1/2 cucharadita de ralladura de la cáscara. Mezclar en un bol el *quark* con la leche, la miel, la cáscara y el zumo de naranja, y remover hasta que quede cremoso.

2. Lavar la manzana, partirla en cuatro trozos, con piel o sin ella, retirar el corazón y quitar el rabo. Cortar en pequeños dados cada uno de los cuartos.

3. Pelar la naranja y retirar la piel blanca en la mayor medida posible. Quitar las tiras de las pieles intermedias. Retirar si es necesario los huesos de los dátiles y trocear los frutos en dados pequeños. Mezclar las frutas y reservar 2 cucharadas de ellas para decorar. Incorporar al *quark* el resto de las frutas con los copos de maíz y repartir en dos boles. Lavar las hojas de menta y secarlas con papel de cocina. Esparcir por encima la fruta que se ha reservado previamente. Decorar el *quark* con menta y servir de inmediato para que los copos de maíz aún estén crujientes.

CONSEJO
Lo mejor es utilizar siempre fruta fresca de temporada: peras o albaricoques, ciruelas o cerezas, moras o piñas *baby*.

VARIANTE
Para preparar un muesli con *quark*, manzanas y nueces: echar en un bol de 50 g (equivalentes a 6 cucharadas) de copos duros de avena. Calentar 200 ml de leche desnatada y rociar sobre los copos de avena dejando que se hinchen durante 10 minutos. Pelar una manzana ácida grande (o dos pequeñas) y rallarla no demasiado fina. Trocear 2 cucharadas de nueces. Agregar a los copos de avena 125 g de *quark* desnatado y remover bien. Incorporar la manzana y las nueces. Distribuir el muesli en dos boles. Rociar sobre cada ración 1/2 cucharadita de miel líquida y una pizca de canela molida.

Valor nutricional por ración:
230 kcal • 19 g proteínas • 1 g grasas • 35 g hidratos de carbono • 3 g fibra • aprox. 3 UC/UP

Pan integral con queso fresco granulado al eneldo y rabanitos

PARA 2 PERSONAS

200 g de queso fresco granulado
1 cucharada de eneldo congelado picado fino
Sal y pimienta
6 rabanitos
2 rebanadas de pan integral
Puntas de eneldo frescas

PREPARACIÓN: 10 minutos

1. Mezclar el queso con el eneldo y aderezar con sal y pimienta. Lavar bien los rabanitos. Trocear 4 de ellos en dados pequeños y mezclar con el queso. Cortar 2 rabanitos en láminas delgadas.

2. Untar las rebanadas de pan con el queso y colocar encima las láminas de rabanitos. Lavar el eneldo y sacudir para que se seque. Según los gustos aderezar el pan con sal y pimienta y decorar con las puntas de eneldo.

Valor nutricional por ración:

200 kcal • 22 g proteínas • 5 g grasas • 21 g hidratos de carbono • 3 g fibra • aprox. 2 UC/UP

Pan crujiente con jamón, rábano y zanahorias

PARA 2 PERSONAS

2 cucharadas de nata agria
2 cucharaditas de rábanos en conserva
Sal y pimienta
1 zanahoria mediana
1 cucharadita de zumo de limón
4 rebanadas de pan crujiente
2 lonchas de fiambre de pavo
Hojas frescas de perejil

PREPARACIÓN: 15 minutos

1. Mezclar la nata con el rábano y aderezar con sal y pimienta. Pelar la zanahoria, rallarla en trozos pequeños y aderezar con el zumo de limón y una pizca de sal.

2. Untar las rebanadas de pan con la crema de rábano. Repartir por encima la zanahoria rallada. Cortar el fiambre en tiras anchas y colocar sobre las zanahorias. Lavar el perejil y sacudirlo para que se seque. Decorar el pan con el perejil y servir de inmediato.

Valor nutricional por ración:

120 kcal • 7 g proteínas • 2 g grasas • 17 g hidratos de carbono • 4 g fibra • aprox. 1 ½ UC/UP

Pan de centeno con rúcula y jamón

PARA 2 PERSONAS

2 panes pequeños de centeno
40 g de queso fresco, bajo en grasa
2 cucharaditas de mostaza de grano grueso
16 - 20 hojas de rúcula
1 loncha de jamón cocido
4 pepinillos en vinagre
4 tomates *cherry*

PREPARACIÓN: 10 minutos

1. Partir los panes por la mitad. Mezclar el queso con la mostaza, remover bien y untar con esa pasta ambas mitades del pan. Lavar bien la rúcula y colocar entre papel de cocina para secarla. Retirar los tallos gruesos. Repartirla sobre el queso.

2. Colocar en cada pan 1/2 loncha de jamón. Cortar los pepinillos en finas rodajas longitudinales. Lavar los tomates y partirlos en dos trozos. Poner los pepinillos y los tomates sobre el jamón de forma vistosa, y tapar con la otra mitad del pan.

Valor nutricional por ración:
280 kcal • **13 g** proteínas • **6 g** grasas • **43 g** hidratos de carbono • **4 g** fibra • aprox. **3 ½** UC/UP

Panecillos con *mozzarella* y pimiento

PARA 2 PERSONAS

2 panecillos integrales
4 cucharaditas de concentrado de tomate
12 hojas de albahaca
1 bola de *mozzarella*, baja en grasa, de unos 125 g
Sal y pimienta
1 pimiento rojo

PREPARACIÓN: 10 minutos

1. Cortar los panes por la mitad y untar la mitad inferior con el concentrado de tomate. Esparcir la albahaca por encima. Partir la *mozzarella* en ocho rodajas. Colocar cuatro de ellas en cada ración de pan, encima de la albahaca, y salpimentar.

2. Partir el pimiento por la mitad, lavarlo y cortarlo en tiras finas. Repartirlo después sobre la *mozzarella*. Tapar con la otra mitad del pan.

Valor nutricional por ración:
215 kcal • **17 g** proteínas • **7 g** grasas • **21 g** hidratos de carbono • **3 g** fibra • aprox. **2** UC/UP

Huevo en vaso con tiras de salmón

PARA 2 PERSONAS

2 huevos (tamaño M)
2 lonchas de salmón ahumado
2 ramas de eneldo
2 cucharaditas de aceite vegetal
Zumo de limón
1 punta de mostaza picante
y otra de rábanos de bote
Sal y pimienta
Azúcar

PREPARACIÓN: 20 minutos

1. Cocer los huevos de 6 a 7 minutos, asustarlos con agua fría y envolverlos después en un paño para que se mantengan calientes. Mientras tanto cortar el salmón en dados pequeños, lavar el eneldo, sacudir para que se seque y picar las hojas.

2. Mezclar el aceite con algunas gotas de zumo de limón, la mostaza y el rábano y aderezar esta vinagreta con sal, pimienta y una pizca de azúcar. Entremezclar el eneldo.

Pelar los huevos y colocarlos en un vaso de cristal precalentado. Incorporar los dados de salmón y rociar con la vinagreta.

CONSEJO

Cada ración puede llevar un trozo de pan de centeno y cereales (50 g, + 2 UC).

Valor nutricional por ración:

205 kcal • 14 g proteínas • 16 g grasas • 2 g hidratos de carbono • 0 g fibra • aprox. ‹ ¼ UC/UP

Desayunos, snacks y bebidas

Huevo a la plancha escondido entre ensalada

PARA 2 PERSONAS

2 cogollos de lechuga romana
2 tomates
100 g de pepino
2 cucharaditas de vinagre balsámico
Sal y pimienta
3 cucharaditas de aceite de oliva
2 huevos (tamaño M)
½ ramillete de cebollino

PREPARACIÓN: 20 minutos

1. Lavar la lechuga. Reservar dos hojas grandes, hacer tiras finas del resto y poner en dos platos. Lavar los tomates, partir por la mitad, quitar la inserción del tallo y hacer dados.

2. Lavar los pepinos, cortar en dados y, junto al tomate, distribuirlos sobre la lechuga. Mezclar vinagre, sal, pimienta y 2 cucharaditas de aceite y rociar sobre la ensalada. Colocar encima una hoja de lechuga.

3. Calentar 1/2 cucharadita de aceite en una sartén refractaria. Echar en ella 1 huevo y esperar a que cuaje. Mantener la sartén algo inclinada para que la clara fluya por el borde y cubra la yema. Dar la vuelta al huevo con cuidado, cocinar un poco más y colocar en la lechuga. Lavar el cebollino y cortar en finos rollitos. Salpimentar y agregar el cebollino. Cocinar el otro huevo con el aceite restante y servir.

CONSEJO

Se puede acompañar de 1 rebanada de pan tostado integral (45 g, + 2 UC).

Valor nutricional por ración:

180 kcal • **9 g** proteínas • **14 g** grasas • **4 g** hidratos de carbono • **1 g** fibra • aprox. ¼ UC/UP

Huevos revueltos con tomate y albahaca

PARA 2 PERSONAS

2 huevos (tamaño M)
50 ml de leche, 1,5 por ciento de grasa
Sal y pimienta
Nuez moscada recién rallada
8 tomates *cherry*
1 cucharada de piñones
1 cucharadita de aceite de oliva
8 hojas de albahaca

PREPARACIÓN: 15 minutos

1. Batir los huevos junto a la leche. Aderezar con sal, pimienta y una pizca de nuez moscada. Lavar los tomates y partirlos por la mitad.

2. Calentar a fuego medio una sartén y tostar los piñones, sin nada de grasa, hasta que adquieran un tono dorado claro. Reservarlos.

3. A continuación calentar el aceite a fuego medio en la sartén y asar los tomates, con la parte del corte hacia abajo, durante 1 minuto. Añadir sobre los huevos y dejar que se cuajen moviendo ligeramente.

4. Lavar la albahaca y secar con papel de cocina. Servir los huevos revueltos en dos platos y espolvorear por encima los piñones y la albahaca.

CONSEJO

Cada ración puede incluir 1 rebanada de *baguette* integral (30 g, + 1,5 UC).

Valor nutricional por ración:

165 kcal • **9 g** proteínas • **12 g** grasas • **3 g** hidratos de carbono • **0 g** fibra • aprox. ¼ UC/UP

Tramezzini dulces con fresas y crema de plátano

PARA 2 PERSONAS

120 g de *quark* desnatado
1 cucharadita de azúcar de vainilla Bourbon
1 cucharadita de zumo de limón
½ plátano maduro
8 fresas grandes
4 rebanadas de pan integral de sándwich
8 hojitas de melisa

PREPARACIÓN: 15 minutos

1. Mezclar en un bol el *quark* al que se añadirán el azúcar y el zumo de limón.

2. Aplastar el plátano con un tenedor e incorporar al *quark*. Lavar las fresas, secar con papel de cocina, retirar las hojitas y cortarlas en rodajas delgadas.

3. Untar 2 rebanadas de pan con la mitad de la crema de plátano y colocar encima las fresas. Poner sobre las fresas la mitad de las hojitas de melisa.

4. Untar el resto de la crema de plátano. Colocar encima las hojas de melisa que sobran y presionar ligeramente. Tapar con las rebanadas restantes, apretar un poco, cortar en diagonal para darle la forma de triángulo típica de los *tramezzini*.

CONSEJO

El otro medio plátano se puede combinar con algún lácteo y tomarlo como tentempié.

VARIANTE

También se pueden usar rodajas de nectarina o gajos de mandarina.

Valor nutricional por ración:

240 kcal • **14 g** proteínas • **3 g** grasas • **38 g** hidratos de carbono • **4 g** fibra • aprox. **3** UC/UP

Desayunos, snacks y bebidas

Tramezzini con salmón y verduras

PARA 2 PERSONAS

20 g de queso fresco, bajo en grasa
1 cucharadita de rábano de bote
4 rebanadas de pan integral
1 zanahoria de tamaño mediano
¼ de bulbo de hinojo
½ rama de apio
1 cucharada de perejil picado
1 cucharada de nata ácida
1 cucharadita de zumo de limón
Sal y pimienta
½ cucharadita de cilantro molido
1 minipepino
4 ramas de eneldo
2 lonchas de salmón marinado

PREPARACIÓN: 25 minutos

1. Mezclar el queso fresco con el rábano y untar una delgada capa sobre el pan. Pelar la zanahoria, el hinojo y el apio. Picar la verdura con un robot de cocina en trozos no demasiado pequeños. Aderezar con el perejil, la nata, la sal, la pimienta y el cilantro.

2. Lavar el pepino, secarlo y cortar en delgadas láminas. Lavar el eneldo y retirar las hojas del tallo.

3. Untar dos rebanadas con la crema de verduras y colocar encima el salmón, el eneldo y el pepino. Poner encima las otras dos rebanadas de pan con la parte untada hacia abajo, y presionar un poco. Cortar el pan en triángulos y servir.

CONSEJO

Los *tramezzini* son ideales para llevar y comer en la pausa del trabajo. Se pueden envolver en papel de aluminio y transportarlos en una fiambrera.

Valor nutricional por ración:

245 kcal • **12 g** proteínas • **8 g** grasas • **31 g** hidratos de carbono • **3 g** fibra • aprox. 2½ UC/UP

Tramezzini con pasta de setas y fiambre

PARA 2 PERSONAS

6 rebanadas de pan integral tostado
1 cucharada de pesto
200 g de champiñones
1 chalota
1 diente de ajo pequeño
2 cucharaditas de aceite de oliva
1 cucharada de jerez
o 1 cucharadita de zumo de limón
Sal y pimienta
1 cucharadita de tomillo seco
1 cucharada de queso fresco, bajo en grasa
4 lonchas de fiambre
4 ramitas de perejil liso

PREPARACIÓN: 20 minutos

1. Untar algo de pesto en todas las rebanadas de pan. Lavar los champiñones y trocearlos. Pelar la chalota y el ajo y cortarlos en dados pequeños. Calentar el aceite, a fuego medio, en una sartén refractaria y rehogar la chalota y el ajo hasta que adquieran un aspecto transparente. Añadir las setas y seguir rehogando.

2. Incorporar el jerez y rehogar todo durante 2 minutos más hasta que el líquido se haya evaporado. Aderezar con sal, pimienta y tomillo. Batir con la batidora. Después mezclar con el queso fresco.

3. Colocar sobre dos rebanadas de pan una loncha de fiambre, untar con la mitad de la crema de champiñones y tapar con las rebanadas con pesto. Untar las superficies con el resto de crema de champiñones, espolvorear con las hojitas de perejil y colocar sobre cada una de ellas otra loncha de fiambre. Poner las dos rebanadas restantes con el pesto hacia abajo, presionar un poco y cortar los sándwiches en forma de triángulo.

CONSEJO

Se puede utilizar otro tipo de setas como las cantarela, los boletus, las setas *shiitake* o distintas clases de setas deshidratadas. Antes de trabajar con estas últimas, hay que dejarlas en remojo, al menos durante 1 hora, sumergidas en abundante agua fría.

Valor nutricional por ración:

310 kcal • **20 g** proteínas • **12 g** grasas • **29 g** hidratos de carbono • **2 g** fibra • aprox. 2½ UC/UP

Tostas de *gouda* y tomate

PARA 2 PERSONAS

6 tomates secos conservados en aceite
4 rebanadas de pan integral
2 lonchas de *gouda*
4 aceitunas verdes sin hueso
6 hojas de albahaca
PREPARACIÓN: 15 minutos

1. Dejar que los tomates escurran un poco el líquido y cortar en trozos pequeños. Poner en dos rebanadas de pan la mitad de los tomates y colocar encima el queso. Cortar las aceitunas en finos anillos y repartir, junto al tomate, por encima del queso. Cubrir con 4 hojas de albahaca y tapar con las rebanadas de pan restantes.

2. Presionar un poco y poner en la tostadora de pan, o bien tostar por ambos lados en una sartén refractaria con poco aceite. Cortar el pan en diagonal y decorar con la albahaca restante.

Valor nutricional por ración:

255 kcal • 11 g proteínas • 13 g grasas • 18 g hidratos de carbono • 0 g fibra • aprox. 1½ UC/UP

Pan integral con fiambre y peras

PARA 2 PERSONAS

4 rebanadas de pan integral
40 g de queso fresco a la pimienta, bajo en grasa
4 lonchas de fiambre, de 30 g cada una
1 pera pequeña madura
½ cucharadita de zumo de limón
2 hojas de lechuga romana
PREPARACIÓN: 15 minutos

1. Untar las rebanadas de pan con el queso y colocar en dos de ellas sendas lonchas de fiambre. Pelar la pera, partirla por la mitad, retirar tanto el rabo como el corazón y cortar las dos mitades en rodajas que sean grandes aunque muy delgadas.

2. Rociar las rodajas de pera con zumo de limón y colocar sobre el fiambre. Cubrir con las hojas de lechuga. Tapar con las otras dos rebanadas de pan, con la cara untada de queso hacia abajo, y luego cortar el sándwich por la mitad en sentido diagonal.

Valor nutricional por ración:

325 kcal • 15 g proteínas • 8 g grasas • 49 g hidratos de carbono • 7 g fibra • aprox. 4 UC/UP

Sándwich de pavo y pimiento

PARA 2 PERSONAS

1 pimiento amarillo
2 cebolletas
1 trozo de pepino, de unos 3 cm
4 rebanadas delgadas de pan integral
40 g de *quark* de hierbas, desnatado
4 ramas de perejil liso
Sal y pimienta
Zumo de limón
4 lonchas de pechuga de pavo
PREPARACIÓN: 20 minutos

1. Cortar el pimiento por la mitad, lavar y trocear en tiras estrechas. Lavar la cebolleta y cortarla en anillos delgados. Lavar el pepino y a continuación cortarlo en 6 rodajas.
2. Untar el pan con *quark*. Colocar la mitad de la verdura en dos rebanadas de pan y espolvorear por encima algunas hojitas de perejil, aderezar con sal y pimienta y unas gotas de zumo de limón. Colocar encima el fiambre.
3. Después añadir el resto de la verdura y del perejil, aderezar de nuevo con sal, pimienta y zumo de limón. Tapar con el resto de las rebanadas manteniendo hacia abajo la parte del *quark*. Después cortar el sándwich por la mitad en sentido diagonal.

Valor nutricional por ración:
260 kcal • **18 g** proteínas • **5 g** grasas • **34 g** hidratos de carbono • **7 g** fibra • aprox. **3** UC/UP

Pan de cereales con fiambre y rúcula

PARA 2 PERSONAS

2 panecillos de cereales
2 cucharaditas de pasta de aceitunas, de bote
12 hojas de rúcula
2 tomates de rama de carne firme
4 lonchas de fiambre, bajo en grasa
2 pepinillos en vinagre
PREPARACIÓN: 15 minutos

1. Partir los panes por la mitad, y untar cada mitad con la pasta de aceitunas. Lavar la rúcula, secarla con papel de cocina y retirar los tallos duros. Distribuir las hojas en la mitad inferior del pan.
2. Lavar los tomates, secarlos y cortarlos en rodajas. Retirar la inserción del tallo. Distribuir el tomate sobre la rúcula y colocar encima dos lonchas de jamón.
3. Cortar los pepinillos, en sentido oblicuo, en rodajas delgadas y distribuirlas sobre el embutido. Colocar luego la mitad superior del pan.

Valor nutricional por ración:
205 kcal • **12 g** proteínas • **8 g** grasas • **21 g** hidratos de carbono • **1 g** fibra • aprox. **1½** UC/UP

Desayunos, snacks y bebidas

Creps de alforfón con manzana caramelizada

PARA 2 PERSONAS
80 g de harina de alforfón
(de venta en herbolarios)
2 manzanas, de unos 350 g
1 cucharadita de azúcar moreno
4 cucharadas de zumo de manzana
1 huevo
Sal
4 cucharaditas de aceite de girasol
Canela en polvo
PREPARACIÓN: 30 minutos

1. Echar la harina en un recipiente, añadir 150 ml de agua y dejar que la masa se esponje durante 10 minutos. Mientras tanto, pelar las manzanas, partirlas en 4 trozos, retirarles el tallo y el corazón, y cortarlas en rodajas delgadas.

2. En una sartén refractaria, a fuego medio, derretir azúcar con 1 cucharada de zumo de manzana hasta conseguir que se caramelice. Añadir las rodajas de manzana y el resto del zumo, rehogar durante 5 minutos a fuego medio y luego reservar.

3. Añadir a la masa 1 huevo y una pizca de sal, si fuera necesario agregar algo de agua para que la masa quede fluida. Pintar una sartén refractaria con un poco de aceite y calentar a fuego medio.

4. Echar un cuarto de la masa en la sartén y remover para que la pasta se extienda por todo el fondo del recipiente. Una vez que la parte inferior haya adquirido un tono tostado, dar la vuelta a la crep y repetir por el otro lado, siempre cocinando a fuego medio. Echar un poco de aceite por una de las esquinas. Repetir el proceso para las otras tres creps. Cubrir cada una de ellas con la cuarta parte de las rodajas de manzana y espolvorear con 1/4 cucharadita de canela.

Valor nutricional por ración:
375 kcal • 9 g proteínas • 15 g grasas • 50 g hidratos de carbono • 4 g fibra • aprox. 4 UC/UP

Creps con relleno de *quark* y frambuesas

PARA 2 PERSONAS
100 g de harina de trigo
(tipo 1050)
⅛ l de leche + otras 2 cucharadas,
1,5 % de materia grasa
1 huevo
½ cucharadita de azúcar de vainilla Bourbon
Sal
100 g de queso desnatado
1 cucharada de azúcar
100 g de frambuesas
2 cucharaditas de aceite vegetal
10 g de chocolate amargo, 70 por ciento de cacao
Hojas de menta frescas
PREPARACIÓN: 25 minutos

1. Tamizar la harina en un recipiente, incorporar poco a poco el 1/8 de leche y mezclar bien con unas varillas hasta que ya no queden grumos. Luego añadir el huevo, el azúcar y una pizca de sal. Dejar en reposo la masa durante 5 minutos.

2. Mezclar el *quark* con la leche restante y el azúcar. Lavar las frambuesas, secar con papel de cocina y añadir.

3. Calentar 1 cucharadita de aceite, a fuego medio, en una sartén refractaria. Volver a remover la masa y echar la mitad de ella en la sartén y remover para que la pasta se extienda por todo el fondo del recipiente. Una vez que la parte inferior haya adquirido un tono tostado, dar la vuelta a la crep y repetir por el otro lado. Hacer lo mismo para preparar la otra crep.

4. En cada una de las creps echar la mitad del *quark* y enrollar. Raspar el chocolate por encima y decorar con hojitas de menta.

> **CONSEJO**
>
> Si se van a utilizar frambuesas congeladas, se han de pesar 100 g de ellas y mezclarlas, aún congeladas, con el *quark*.

Valor nutricional por ración:
400 kcal • 19 g proteínas • 12 g grasas • 53 g hidratos de carbono • 5 g fibra • aprox. 4½ UC/UP

Smoothie de frambuesas y suero de leche

PARA 2 VASOS DE 25 cl
400 ml de suero de leche
½ cucharadita de cáscara de naranja ecológica rallada muy fina
2 cucharadas de zumo concentrado de agave
200 g de frambuesas congeladas
2 ramas pequeñas de menta fresca
PREPARACIÓN: 10 minutos

1. Echar en un vaso alto de batidora el suero de leche junto a la cáscara de naranja y el zumo de agave y batir enérgicamente con unas varillas o la misma batidora.

2. Incorporar las frambuesas y preparar un fino puré para que la bebida quede algo espesa. Repartir en dos vasos y decorar con 1 rama de menta. Servir en seguida.

Valor nutricional por ración:
150 kcal • 8 g proteínas • 1 g grasas • 26 g hidratos de carbono • 0 g fibra • aprox. 2 UC/UP

Bebida energética de color carmín

PARA 2 VASOS DE 25 cl
2 tomates grandes en rama bastante maduros, de unos 125 g
1 pimiento rojo
25 cl de kéfir
6 hojas de albahaca
1 cucharada de zumo de limón
Sal
Pimienta de Cayena
2 ramas de perejil
PREPARACIÓN: 15 minutos

1. Realizar un corte en forma de cruz en los tomates, escaldar, retirar la piel, partir por la mitad, eliminar la inserción del tallo y quitar las pepitas. Batirlos bien utilizando la batidora.

2. Lavar el pimiento y retirar la piel con un pelador. Partirlo por la mitad, quitar el tallo, las pepitas y todas las pieles blancas intermedias.

3. Cortar el pimiento en dados y batirlo junto con los tomates. Añadir el kéfir, la albahaca, el zumo de limón, la sal y una pizca de pimienta; batir después. Servir la bebida en dos vasos y decorar con una rama de perejil.

Valor nutricional por ración:
105 kcal • 6 g proteínas • 5 g grasas • 10 g hidratos de carbono • 3 g fibra • aprox. 1 UC/UP

Bebida suave de fresas con yogur

PARA 2 VASOS DE 25 cl
250 g de fresas
175 g de yogur, 1,5 % de grasa
⅛ l de zumo de naranja recién exprimido
1 cucharadita de azúcar de vainilla Bourbon
4 cubitos de hielo
2 puntas de menta fresca
Además: 2 pinchos de madera largos y delgados para brochetas

PREPARACIÓN: 10 minutos

1. Lavar las fresas, retirar las hojas, reservar dos de ellas para decorar y trocear en cuatro partes las restantes. Pasar por la batidora las fresas con el yogur, el zumo de naranja y el azúcar.

2. Poner en cada vaso 2 cubitos de hielo y agregar la mezcla de fresas. Partir por la mitad las fresas que van a servir de adorno, ensartar cada dos mitades en un pincho de brocheta y, si se desea, intercalar entre las fresas una hojita de menta. Colocar la brocheta sobre los vasos y servir.

Valor nutricional por ración:
115 kcal • 4 g proteínas • 2 g grasas • 19 g hidratos de carbono • 2 g fibra • aprox. 1½ UC/UP

Batido de peras con almendras

PARA 2 VASOS DE 25 cl
1 pera madura aromática, por ejemplo, Williams Christ, de unos 170 g
1 dátil blando y seco, sin hueso
300 ml de leche, 1,5 % de grasa
Cardamomo molido
2 cucharadas de almendras molidas
4 cubitos de hielo
¼ cucharadita de cacao en polvo (muy desgrasado)

PREPARACIÓN: 10 minutos

1. Pelar la pera, eliminar el tallo y el corazón y hacerla dados. Colocar en un vaso de batidora. Partir el dátil e incorporar a la pera junto con la leche, una pizca de cardamomo y las almendras. Batir hasta conseguir un puré fino.

2. Colocar en cada vaso 2 cubitos de hielo, echar por encima el batido y espolvorear con el cacao. Servir.

Valor nutricional por ración:
180 kcal • 8 g proteínas • 8 g grasas • 19 g hidratos de carbono • 4 g fibra • aprox. 1½ UC/UP

Entrantes

Sopa verde de guisantes
con *croûtons*

PARA 2 PERSONAS

3 cebolletas
1 raíz de perejil
4 cucharaditas de aceite vegetal
250 g de guisantes tiernos congelados
600 ml de caldo de verdura
4 cucharadas de vino blanco (se pueden sustituir por 1 cucharada de zumo de limón)
50 g de crema agria
Sal y pimienta
1 rebanada de pan integral
6-8 hojas de melisa

PREPARACIÓN: 30 minutos

1. Lavar las cebolletas y cortarlas en aros delgados. Pelar la raíz de perejil y hacerla pequeños dados. Calentar 2 cucharadas de aceite, a fuego medio, en una cacerola. Añadir la cebolleta y el perejil y rehogar durante 2 minutos.

2. Agregar los guisantes y volver a rehogar durante 1 minuto más. Incorporar el caldo y el vino, dejar hervir a fuego lento con la cacerola tapada durante unos 15 minutos.

3. Pasar la verdura por un pasapurés, mezclarla con la crema agria y salpimentar la sopa.

4. Cortar la rebanada de pan en dados pequeños. Calentar, a fuego medio, el resto del aceite en una sartén refractaria pequeña y freír el pan sin dejar de remover para conseguir unos picatostes crujientes. Lavar la melisa, secarla con papel de cocina y cortarla en trozos grandes. Servir la sopa en dos platos hondos precalentados, agregar por encima la melisa y los *croûtons*.

VARIANTE

Para conseguir un refrescante toque a hierbas frescas, se puede utilizar ½ ramillete de perejil liso o de menta fresca. Lavar las hierbas, sacudirlas y secarlas bien y retirar los tallos más duros. Picar las hojas a un tamaño mediano e incorporarlas a la sopa antes de realizar el puré. Luego batir todo bien para que resulte una crema uniforme. Dejar hervir 5 minutos a fuego lento. Entremezclar la crema ácida y salpimentar la sopa. Luego preparar el pan como se ha descrito, incorporar a las raciones de sopa y decorar con unas hojitas de melisa o de menta; servir.

Valor nutricional por ración:

320 kcal • 13 g proteínas • 15 g grasas • 29 g hidratos de carbono • 8 g fibra • aprox. 2½ UC/UP

Entrantes

Lechuga iceberg
con champiñones, pepino y jamón de York

PARA 2 PERSONAS

1 lechuga iceberg pequeña
1 minipepino
100 g de champiñones pequeños
50 g de jamón de York, bajo en grasa
2 cucharaditas de alcaparras
½ ramillete de cebollino
2 cucharadas de mayonesa *light* para ensaladas
150 g de yogur desnatado, 1,5 % de grasa
1 cucharada de zumo de limón
Sal y pimienta
PREPARACIÓN: 20 minutos

1. Lavar la lechuga, cortarla en cuatro trozos y sacudirla para que se seque; retirar el troncho y cortar las hojas en tiras. Pelar el pepino y hacerlo rodajas.

2. Limpiar los champiñones con papel de cocina o, en caso necesario, pasarlos por agua fría y luego cortar en láminas finas. Eliminar, si lo hay, el reborde de grasa del jamón, luego cortarlo a lo largo y después, en sentido transversal, en tiras. Mezclar la lechuga, el pepino, los champiñones y el jamón en una fuente.

3. Escurrir las alcaparras y añadirlas. Lavar el cebollino, cortarlo en anillos pequeños y echarlos sobre la ensalada. Mezclar la mayonesa, el yogur y el zumo de limón, salpimentar. Agregar este aliño a la ensalada y mezclar. Servir de inmediato.

> **CONSEJO**
>
> Con cada ración de ensalada se puede servir una rebanada gruesa de pan de aceitunas (40 g, + 1,5 UC).

Valor nutricional por ración:

155 kcal • 11 g proteínas • 9 g grasas • 8 g hidratos de carbono • 2 g fibra • aprox. ½ UC/UP

Ensalada de maíz con *mozzarella*

PARA 2 PERSONAS

1 lata pequeña de maíz, de 285 g de peso escurrido
3 cucharadas de zumo de limón
2 cucharaditas de aceite de oliva
Sal y pimienta
1 pimiento rojo grande
½ ramillete de cebolletas
200 g de tomates *cherry*
1 bola de *mozzarella*, de 125 g
1 puñado de hojas de albahaca
PREPARACIÓN: 20 minutos

1. Escurrir el maíz. Mezclar en una fuente el limón con el aceite, añadir la sal y la pimienta y mezclar con el maíz.

2. Partir el pimiento por la mitad, retirar el rabo, la semilla y los hilos blancos; trocearlo en dados pequeños. Lavar la cebolleta, partirla en sentido longitudinal y luego en medias lunas. Lavar los tomates y partirlos en cuatro trozos. Añadir todo al maíz y mezclar todo bien.

3. Escurrir la *mozzarella* y cortarla en trozos de 2 cm. Lavar las hojas de albahaca, sacudirlas para que se sequen e incorporar a la ensalada junto con la *mozzarella*.

Valor nutricional por ración:

315 kcal • 17 g proteínas • 17 g grasas • 19 g hidratos de carbono • 3 g fibra • aprox. 1 ½ UC/UP

Entrantes

Ensalada de espárragos y patatas con huevo

PARA 2 PERSONAS

300 g de patatas pequeñas para cocer
2 huevos
250 g de puntas de espárragos verdes y blancos
½ ramillete de perejil liso
2-3 cucharadas de zumo de limón
1 cucharadita de cáscara de limón ecológico rallada fina
Sal y pimienta
2 cucharaditas de aceite de oliva

PREPARACIÓN: 30 minutos

1. Lavar las patatas, y cocerlas a fuego lento durante 15 a 20 minutos. Hervir los huevos 10 minutos hasta que queden duros, asustar con agua fría y pelar.

2. Pelar los espárragos y cortarlos en trozos de 3 a 4 cm de longitud. Echar tres dedos de agua en una sartén grande, llevar a ebullición e introducir los espárragos durante 10 minutos hasta que queden al dente. Escurrirlos y dejar enfriar.

3. Escurrir las patatas, asustarlas con agua fría, pelarlas y cortarlas en rodajas delgadas. Lavar el perejil y picar las hojitas.

4. Echar en un bol el zumo y la cáscara de limón, la sal, la pimienta y el aceite y remover bien. Incorporar las patatas, los espárragos y el perejil y mezclarlo todo; modificar la sazón si fuera necesario. Picar los huevos y agregarlos a la ensalada.

CONSEJO

Esta ensalada supone un magnífico piscolabis para tomar en la pausa del mediodía de la oficina basta llevarla en un recipiente que mantenga el frío.

Valor nutricional por ración:

260 kcal • 13 g proteínas • 12 g grasas • 24 g hidratos de carbono • 5 g fibra • aprox. 2 UC/UP

Ensalada de hinojo con naranja y queso fresco

PARA 2 PERSONAS

2 bulbos de hinojo
1 naranja ecológica grande
50 ml de zumo de naranja
Sal y pimienta
Cilantro molido
2 cucharaditas de aceite de oliva
50 g de queso fresco granulado

PREPARACIÓN: 20 minutos

1. Lavar el bulbo del hinojo, retirar la parte verde y reservar. Para quitar el tallo duro del bulbo, partir por la mitad y retirarlo dando un corte en forma de cuña. Rallar el hinojo en tiras finas, echar en una fuente y apretarlas un poco con la mano para que resulten más jugosas y flexibles.

2. Lavar la naranja con agua caliente, secarla bien y rallar 1 cucharadita de la cáscara. A continuación pelarla (eliminar todo lo posible la piel blanca), partir en cuatro trozos y luego en rodajas y mezclar con el hinojo. Agregar el zumo y la cáscara de la naranja, sal, pimienta, una pizca de cilantro y el aceite. Entremezclar como aliño de la ensalada.

3. Repartir en dos platos y echar por encima el queso en forma de pequeñas pellas. Trocear el verde del hinojo y esparcir sobre la ensalada.

CONSEJO

Esta refrescante ensalada se puede complementar con medio panecillo integral (25 g, + 1 UC).

Valor nutricional por ración:

165 kcal • 6 g proteínas • 10 g grasas • 13 g hidratos de carbono • 7 g fibra • aprox. 1 UC/UP

Ensalada de col picuda
y zanahorias con queso de oveja

PARA 2 PERSONAS

1 col picuda pequeña, de unos 300 o 400 g
Sal
2 zanahorias
½ ramillete de cebolletas
3 ramas de eneldo
2-3 cucharadas de vinagre de Jerez
Pimienta
Pimienta de Cayena
4 cucharaditas de aceite vegetal
50 g de queso de oveja (*feta*)

PREPARACIÓN: 20 minutos

1. Lavar la col, partirla en cuatro trozos y retirar el troncho. Luego cortar las hojas en tiras delgadas. Echar en una fuente, esparcir media cucharadita de sal y trabajar 2 o 3 minutos con la trituradora de patatas; la verdura quedará más suave y blanda.

2. Pelar y rallar las zanahorias y añadir a la col. Lavar las cebolletas y cortar en finos anillos. Lavar el eneldo, picar las hojas y agregar a las zanahorias y la col.

3. Para preparar la salsa, mezclar el vinagre con la sal, añadir el aceite y una pizca de las dos clases de pimienta, remover, mezclar con la verdura y usar como aliño de la ensalada. Desmenuzar y repartir por encima el queso de oveja.

CONSEJO

Este plato queda muy completo si se añade a cada ración 1 rebanada de pan integral (45 g, + 1,5 UC).

Valor nutricional por ración:

205 kcal • 9 g proteínas • 15 g grasas • 9 g hidratos de carbono • 3 g fibra • aprox. ¾ UC/UP

Entrantes

Tomates a las hierbas con lechuga

PARA 2 PERSONAS

50 g de cuscús instantáneo
Sal
2 tomates carnosos grandes, de 250 g cada uno
5 cucharaditas de aceite vegetal
2 cucharadas de queso *emmental* recién rallado
1 cucharada de perejil picado
1 cucharadita de tomillo picado
Cilantro molido
2 cucharaditas de crema agria
1 cogollo de lechuga romana
1 cucharadita de zumo de limón
Además: molde de horno (aproximadamente de 20 x 20 cm)

PREPARACIÓN: 30 minutos

1. Precalentar el horno a 220°C (en horno de aire, 200°C). Preparar el cuscús según las instrucciones del paquete, cocer en 100 ml de agua hirviendo ligeramente salada y dejar que se hinche. Lavar los tomates, retirar las tapas y vaciarlos de la carne. Mezclar la carne del tomate con 4 cucharaditas de aceite, el queso y las hierbas y añadir el cuscús. Aderezar con algo de sal y una pizca de cilantro.

2. Rellenar los tomates con el cuscús y poner encima de cada uno 1 cucharadita de crema agria. Colocar la tapa. Pintar el molde del horno con el aceite restante, colocar los tomates y meter en el horno (en la zona central) durante unos 20 minutos.

3. Mientras tanto partir por la mitad el cogollo de lechuga, lavarlo y sacudirlo para que se seque. Cortar la lechuga en tiras y repartirla en los dos platos, exprimir el limón y aderezar con un poco de sal. Colocar en cada plato un tomate junto a la lechuga.

CONSEJO

El relleno del tomate también tiene un sabor magnífico si en lugar de *emmental* se utilizan 50 g de *mozzarella* a las hierbas y utilizamos 4 hojitas de albahaca en lugar del perejil y el tomillo.

Valor nutricional por ración:
295 kcal • 9 g proteínas • 17 g grasas • 26 g hidratos de carbono • 5 g fibra • aprox. 2 UC/UP

Ensalada de pasta con salchichas, rabanitos y pepino

PARA 2 PERSONAS

125 g de espirales integrales (*fusilli*)
Sal
½ manojo de rabanitos
4 pepinillos en vinagre
100 g de salchichas de ave y carne magra (tipo Lyoner); también se puede utilizar jamón de York
2 cucharadas de vinagre de vino blanco
Pimienta
2 cucharaditas de aceite vegetal
1 cajita de berros

PREPARACIÓN: 25 minutos

1. Preparar la pasta según las indicaciones del paquete en abundante agua salada hirviendo hasta que quede al dente. Luego escurrirla en un colador, asustar con agua fría, y dejar que se enfríe.

2. Mientras tanto, lavar los rabanitos y cortarlos en cuatro trozos. Cortar los pepinillos en rodajas muy delgadas. Hacer rodajas con el embutido y luego cortarlas en tiras. Mezclar los rabanitos con los pepinillos y las salchichas y añadir a la pasta.

3. Preparar un marinado con el vinagre, la sal, el pimiento y el aceite, mezclar con la ensalada y aderezar bien.

CONSEJO

Una vez que la ensalada esté preparada, antes de servir habrá que cortar los berros y entremezclarlos.

Valor nutricional por ración:
405 kcal • 18 g proteínas • 18 g grasas • 44 g hidratos de carbono • 7 g fibra • aprox. 4 UC/UP

Entrantes

Sopa de patata y apio
con pechuga de pavo

PARA 2 PERSONAS

250 g de patatas harinosas para puré
250 g de apio
1 cebolla
1 diente de ajo
700 ml de caldo de verdura
1 hoja de laurel
50 g de queso fresco de hierbas, bajo en grasa
Sal y pimienta
1 cucharadita de mejorana seca
1 cucharadita de zumo de limón
100 g de pechuga de pavo ahumada

PREPARACIÓN: 30 minutos

1. Pelar las patatas, el apio, la cebolla y el ajo, hacer dados de todo y poner en una cazuela con el caldo. Añadir el laurel. Tapar y dejar cocer durante 20 minutos a fuego medio.

2. Retirar el laurel y pasar la verdura por un pasapurés. Aderezar la sopa con sal, pimienta, mejorana y el zumo de limón. Cortar el pavo en dados, agregarlos a la sopa y calentar todo junto.

VARIANTE

En lugar de usar puerro, este plato también se puede preparar con la misma cantidad de raíz de perejil; la sopa resultará igual de sabrosa.

Valor nutricional por ración:

195 kcal • 18 g proteínas • 3 g grasas • 20 g hidratos de carbono • 6 g fibra • aprox. 2 UC/UP

Crema de aguacate con tomate

PARA 2 PERSONAS

1 aguacate
1 cucharada de zumo de limón
150 gramos de yogur desnatado, 1,5 por ciento de materia grasa
Sal y pimienta
½ cucharadita de mostaza de Dijon
3 ramas de eneldo
2 tomates
2 rebanadas de pan integral

PREPARACIÓN: 10 minutos

1. Partir el aguacate por la mitad, retirar el hueso, utilizar una cuchara sopera para extraer la carne y colocarla en una fuente. Añadir el zumo de limón y el yogur y batir con una batidora de mano.

2. Aderezar la crema con sal, pimienta y mostaza. Lavar el eneldo y sacudirlo para que se seque; reservar algunas puntas para la decoración. Trocear el resto de las hojitas y añadir a la crema de aguacate.

3. Lavar los tomates, partir por la mitad, retirar la inserción del tallo. Quitar las pepitas y cortar en dados pequeños.

4. Distribuir la crema de aguacate en dos platos, echar por encima el tomate y decorar cada ración con eneldo. Cortar el pan en tiras y servirlo todo junto.

Valor nutricional por ración:

415 kcal • 10 g proteínas • 30 g grasas • 26 g hidratos de carbono • 10 g fibra • aprox. 2 UC/UP

Entrantes

Tortilla de carne picada y verduras

PARA 2 PERSONAS
2 huevos
100 ml de leche
50 g de harina de trigo, tipo 1050
Sal y pimienta
Nuez moscada recién rallada
1 cebolla
1 pimiento rojo
1 rama de apio
150 g de tomates *cherry*
3 cucharaditas de aceite de oliva
100 g de carne magra picada de ternera
½ cucharadita de hierbas provenzales
1 cucharada de perejil congelado picado

PREPARACIÓN: 30 minutos

1. Batir los huevos con la leche y la harina. Aderezar esta masa con sal, pimienta y una pizca de nuez moscada.

2. Para el relleno de la tortilla, pelar la cebolla y hacer dados. Partir el pimiento en cuatro trozos, lavarlo y cortarlo en tiras. Lavar el apio y cortarlo en dados. Lavar los tomates y partirlos por la mitad.

3. Poner 1 cucharadita de aceite en una sartén refractaria, colocar en ella la carne picada y cocinar hasta que quede desmenuzada muy fina. Añadir la verdura y rehogar a fuego medio, agregar 2 cucharadas de agua y dejar cocinar con tapa, durante 10 minutos. Aderezar con sal, pimienta y hierbas.

4. Volver a batir la masa de huevo. Calentar ½ cucharadita de aceite a fuego medio en una sartén, echar la mitad de la masa en la sartén y remover para que la pasta se extienda por todo el fondo del recipiente. Cocinar la tortilla por uno de sus lados hasta que adquiera un color marrón claro, dar la vuelta y repetir por el otro lado, para lo que se añadirá por un lateral media cucharadita de aceite.

5. Dejar resbalar la tortilla en un plato, colocar en una de sus mitades el 50 por ciento del relleno de carne y verdura y tapar con la otra mitad. Realizar la segunda tortilla del mismo modo.

Valor nutricional por ración:

420 kcal • 25 g proteínas • 24 g grasas • 21 g hidratos de carbono • 6 g fibra • aprox. 2 UC/UP

Frittata de hinojo con piñones

PARA 2 PERSONAS
1 cebolla
1 bulbo grande de hinojo con mucho verde
2 cucharaditas de aceite de oliva
Sal y pimienta
2 huevos
50 ml de leche
2 cucharadas de queso fresco granulado rallado
1 cucharada de piñones

PREPARACIÓN: 25 minutos

1. Pelar la cebolla, partirla por la mitad y luego en tiras delgadas. Retirar el tallo fibroso y la dura parte inferior del hinojo y reservar el verde del bulbo. Lavar el hinojo, partirlo por la mitad y retirar el troncho duro haciendo un corte en forma de cuña. Partir cada mitad en cuatro trozos y luego en tiras delgadas.

2. Calentar a fuego medio el aceite en una sartén refractaria grande y rehogar las tiras de cebolla e hinojo, añadir 4 cucharadas de agua y dejar que se cocine con la tapa, de 8 a 10 minutos. Remover la verdura de vez en cuando. Salpimentar. Después trocear la parte verde del hinojo e incorporar la mitad.

3. Batir los huevos con la leche y el queso, salpimentar y rociar de forma homogénea sobre la verdura. Esparcir por encima los piñones. Dejar esponjar la masa de huevo, tapada y a fuego lento y tapada. Echar por encima de la *frittata* el resto de verde del hinojo. Partirla por la mitad y servir.

CONSEJO

Cada ración se puede servir acompañada de una rebanada pequeña de pan de pueblo (35 g, + 1,5 UC).

Valor nutricional por ración:

220 kcal • 11 g proteínas • 16 g grasas • 5 g hidratos de carbono • 4 g fibra • aprox. ½ UC/UP

Entrantes

Ensalada de judías blancas y verdes
con tomates y aceitunas

PARA 2 PERSONAS
Sal
300 g de judías verdes redondas congeladas
1 lata pequeña de judías blancas, de 250 g, peso escurrido
½ manojo de cebolletas
150 g de tomates *cherry*
50 g de aceitunas negras sin hueso
1 cucharada de ajedrea picada
2 cucharadas de vinagre de vino tinto
Pimienta
2 cucharaditas de aceite de oliva
PREPARACIÓN: 30 minutos

1. Echar 500 ml de agua en una cacerola, añadir sal y llevar a ebullición. Echar las judías verdes y dejar cocer durante 15 minutos.

2. Mientras tanto, escurrir las judías blancas, lavar las cebolletas y cortarlas en aros delgados. Lavar los tomates y partirlos por la mitad. Cortar las aceitunas en rodajas. Una vez cocidas, asustar las judías verdes con agua muy fría, dejar escurrir, partir, si se estima necesario, por la mitad y mezclar con las judías blancas, la cebolleta, los tomates y las aceitunas. Espolvorear la ajedrea por encima.

3. Mezclar el vinagre, la sal y la pimienta y añadir el aceite de oliva. Echar este aliño en la ensalada y dejar que penetre en la ensalada durante un instante.

CONSEJO
Resultará más sabroso si se añaden 50 g de dados de queso de oveja (*feta*).

Valor nutricional por ración:
240 kcal • 7 g proteínas • 9 g grasas • 27 g hidratos de carbono • 3 g fibra • aprox. 2 UC/UP

Pastelillos de verdura con yogur al ajo

PARA 2 PERSONAS
300 g de zanahorias
200 g de patatas
1 huevo
2 cucharadas de harina
2 cucharadas de parmesano recién rallado
1 ramillete de perejil liso
Sal y pimienta
Nuez moscada recién rallada
175 g de yogur, 1,5 por ciento de grasa
1 diente de ajo
2 cucharaditas de aceite vegetal
PREPARACIÓN: 30 minutos

1. Pelar las zanahorias y las patatas y rallarlas en trozos grandes; colocarlas en una fuente. Añadir el huevo, la harina y el parmesano. Lavar el perejil, picar las hojitas y mezclar todo. Salpimentar la masa y añadir una pizca de nuez moscada.

2. Remover bien el yogur y aderezar con un poco de sal. Pelar el ajo, chafarlo, mezclarlo con el yogur y remover.

3. Calentar en una sartén refractaria, a fuego medio, 1 cucharadita de aceite. Después servirse de una cuchara sopera para poner en la sartén, sin que queden próximas, tres porciones de masa, aplastarlas un poco y freír los pastelillos por ambos lados unos 6 minutos, hasta que adquieran un tono amarillo dorado. Repetir el proceso con el aceite y la masa restantes. Servir los pastelillos con yogur.

VARIANTE
Las zanahorias se pueden sustituir por calabacín, que puede rallarse con cáscara. Antes habrá que retirar las inserciones del tallo y de las flores. Echar una pizca de sal al calabacín rallado, esperar a que salga algo el líquido, presionarlo y luego mezclar con las patatas.

Valor nutricional por ración:
265 kcal • 12 g proteínas • 11 g grasas • 29 g hidratos de carbono • 6 g fibra • aprox. 2½ UC/UP

Entrantes

Hamburguesa oriental
en pan de pita

PARA 2 PERSONAS

300 g de carne magra de ternera picada dos veces
2 cebollas de tamaño medio
1 diente de ajo
1 cucharadita de concentrado de tomate
¼ cucharadita de canela en polvo
1 pizca de comino molido
½ cucharadita de pimentón dulce
Sal
2 cucharadas de perejil fresco (o congelado) picado
½ cucharadita de menta seca
2 cucharaditas de aceite de oliva
1 pimiento rojo
2 hojas de lechuga iceberg
2 cucharadas de yogur, 1,5 por ciento de grasa
2 panes de pita pequeños

PREPARACIÓN: 30 minutos

1. Echar la carne en una fuente. Pelar la cebolla y el ajo, cortarlos en dados muy pequeños y añadir a la carne junto con el tomate, las hierbas, la sal, una cucharada de perejil y la mitad de la menta. Mezclar muy bien y preparar hamburguesas planas. Pintar la parte superior de la hamburguesa con aceite.

2. Partir el pimiento en cuatro trozos, lavarlo y cortarlo en tiras pequeñas. Lavar las hojas de lechuga, sacudirlas para eliminar el agua, partir por la mitad y luego en gruesos trozos. Mezclar con el yogur el resto de perejil, la menta y una pizca de sal.

3. Calentar a fuego fuerte una sartén de tipo parrilla. Colocar la hamburguesa con la parte pintada hacia abajo, cocinar, después dar la vuelta y seguir cocinando hasta que ya no suelte más jugo.

4. Partir los panes por la mitad y meterlos en una tostadora. Pelar la cebolla y cortar en anillos.

5. Colocar la lechuga en la parte inferior del pan. Poner encima la hamburguesa, cubrir con las tiras de pimiento y cebolla y rociar con una cucharada de yogur. Cubrir con la otra tapa del pan y servir de inmediato.

VARIANTES

En lugar de utilizar pan de pita, esta hamburguesa, acompañada de arroz también puede servir como plato principal. La carne se aliña tal y como se ha descrito, se prepara en discos delgados, se cubre con papel *film* y se mantiene un rato dentro de la nevera. Posteriormente cocer 100 g de arroz integral *basmati* durante 20-22 minutos en el doble de cantidad de agua junto con ½ cucharadita de sal. A partir de las tiras de pimiento, las hojas de lechuga troceadas y 1 pepinillo cortado en rodajas delgadas preparar una ensalada, aderezar con salsa hecha a base de 2 cucharadas de yogur, 1 cucharadita de zumo de limón, sal y pimienta. Asar la hamburguesa tal y como se ha descrito en la receta y servir junto al arroz y la ensalada.

Valor nutricional por ración:

770 kcal • 46 g proteínas • 29 g grasas • 81 g hidratos de carbono • 4 g fibra • aprox. 6½ UC/UP

Entrantes

Lentejas rojas con albaricoques y almendras

PARA 2 PERSONAS

1 cebolla pequeña
1 diente de ajo
1 cucharadita de aceite vegetal
1 cucharada de curri en polvo
150 g de lentejas rojas
500 cl de caldo de verdura
6 albaricoques secos
½ ramillete de perejil
Sal y pimienta
2 cucharadas de almendras molidas
2 cucharadas de nata agria
PREPARACIÓN: 25 minutos

1. Pelar la cebolla y el ajo y cortar en dados pequeños. Calentar el aceite, a fuego medio, en una cacerola y rehogar la cebolla y el ajo hasta que adquieran un tono tostado claro. Agregar el curri y dejar cocinar 1 minuto. Añadir las lentejas y regar con el caldo. Tapar y dejar cocer a fuego lento durante 10 minutos.

2. Mientras tanto cortar los albaricoques en trozos pequeños. Lavar el perejil y sacudirlo para que se seque un poco; picar las hojas en trozos pequeños.

3. Salpimentar las lentejas. Añadir los albaricoques, el perejil y las almendras y calentar durante un instante.

4. Servir en dos platos hondos y añadir a cada ración una cucharada de nata agria.

Valor nutricional por ración:

365 kcal • 22 g proteínas • 11 g grasas • 43 g hidratos de carbono • 19 g fibra • 3½ UC/UP aprox.

Ensalada de garbanzos

PARA 2 PERSONAS

1 lata pequeña de garbanzos, de 250 g de peso escurrido
1 cebolla roja
1 minipepino
1 pimiento rojo
50 g de aceitunas verdes o negras sin hueso
2 cucharadas de vinagre de vino tinto
2 cucharaditas de aceite de oliva
Sal y pimienta
4 hojas de salvia
50 g de queso de oveja (*feta*)
PREPARACIÓN: 25 minutos

1. Escurrir los garbanzos y ponerlos en una fuente. Pelar la cebolla y el pepino. Partir el pimiento por la mitad, retirar el rabo, las pepitas y las pieles blancas, y lavarlo.

2. Hacer dados con la cebolla, el pepino y el pimiento. Cortar las aceitunas en sentido longitudinal. Añadir todo a los garbanzos y remover bien.

3. Mezclar el vinagre con al aceite, salpimentar y echar esa salsa a la ensalada, remover y, si fuera necesario, modificar la sazón. Cortar las hojas de salvia en tiras delgadas y agregar a la ensalada, que se servirá en dos platos hondos. Desmenuzar el queso en pedazos grandes y echarlos por encima de la ensalada

VARIANTE

En lugar de garbanzos se pueden utilizar judías blancas de bote. Una vez escurridas, las judías han de lavarse con agua fría.

Valor nutricional por ración:

315 kcal • 12 g proteínas • 15 g grasas • 33 g hidratos de carbono • 9 g fibra • aprox. 3 UC/UP

Entrantes

Sopa de calabaza
con ajo de oso y aceite de pipas de calabaza

PARA 2 PERSONAS

1 cebolla
500 g de calabaza Hokkaido
1 patata
2 cucharaditas de aceite vegetal
600 ml de caldo de verdura
20 g de nueces
2-3 hojas de ajo de oso (se pueden sustituir por hojas de 2 o 3 ramitas de perejil)
Sal y pimienta
Pimentón molido
1 cucharadita de zumo de limón
1 cucharadita de aceite de pipas de calabaza

PREPARACIÓN: 30 minutos

1. Pelar la cebolla y cortarla en dados pequeños. Partir la calabaza en cuatro trozos y retirar las pipas. Pelar la patata y cortarla en dados pequeños, así como la calabaza. Calentar el aceite, a fuego medio-fuerte, en una cacerola. Rehogar la cebolla hasta que tome aspecto transparente. Luego mezclar los dados de calabaza.

2. Regar con el caldo y cocer 15 minutos, tapado y a fuego medio.

Picar las nueces y tostarlas en una sartén sin grasa. Lavar las hojas de ajo y picar en trozos grandes.

3. Batir la sopa con una batidora de mano, aderezar con sal, un poco de pimienta y pimentón y el zumo, y agregar las nueces y el ajo. Servir en dos platos hondos precalentados y poner en cada uno media cucharadita de aceite de pipas de calabaza.

Valor nutricional por ración:

225 kcal • 5 g proteínas • 14 g grasas • 17 g hidratos de carbono • 6 g fibra • aprox. 1½ UC/UP

Sopa de calabacín con aceite de menta

PARA 2 PERSONAS

½ manojo de cebolletas
500 g de calabacines
1 patata grande
2 cucharaditas de aceite de oliva
600 ml de caldo de verdura
3 ramas de menta fresca
Sal
50 g de queso fresco, bajo en grasa
1 cucharada de zumo de limón
Pimienta

PREPARACIÓN: 20 minutos

1. Lavar las cebolletas y cortarlas en anillos delgados. Lavar el calabacín, pelarlo y cortarlo en dados. Pelar la patata y cortarla en dados pequeños.

2. Calentar una cucharadita de aceite, a fuego lento, en una cacerola, incorporar la cebolla, el calabacín y las patatas y rehogar de 2 a 3 minutos. Regar con el caldo y dejar que la sopa, tapada, cueza a fuego medio durante 15 minutos.

3. Mientras tanto lavar la menta y picar las hojitas. Incorporar la mitad de ella a la sopa. Majar en mortero la otra mitad junto al aceite restante y una pizca de sal.

4. Batir la sopa y agregar después el queso y el zumo de limón. Salpimentar, servir en dos platos hondos precalentados y poner en cada uno algo de aceite de menta.

CONSEJO

Cada ración puede acompañarse con una rebanada de pan integral (45 g, + 2 UC/UP).

Valor nutricional por ración:

180 kcal • 7 g proteínas • 10 g grasas • 13 g hidratos de carbono • 4 g fibra • aprox. 1 UC/UP

Entrantes

Ensalada de patata con atún

PARA 2 PERSONAS

350 g de patatas pequeñas para cocer
½ manojo de cebolletas
2 pepinillos en vinagre (también 2 o 3 cucharadas del líquido de los pepinillos)
1 lata de atún en su propio jugo, de 80 g de peso escurrido
3 cucharadas de zumo de limón
2 cucharaditas de aceite de oliva
Sal y pimienta
½ ramillete de eneldo
100 g de tomate *cherry*
PREPARACIÓN: 30 minutos

1. Llevar a ebullición una taza de agua y cocer las patatas durante 15 o 20 minutos. Mientras tanto lavar la cebolletas, cortarlas en anillos pequeños y echar en una fuente. Trocear los pepinillos en dados y añadir. Dejar escurrir el atún, desmenuzarlo y agregarlo también.

2. Asustar las patatas con agua fría, pelarlas, cortarlas en dados y ponerlas en la fuente. Mezclar el zumo de limón y el líquido de los pepinillos, añadir el aceite y salpimentar esta salsa. Mezclar con la ensalada y probar por si hubiera que variar la sazón.

3. Lavar el eneldo, reservar algunas puntas para decorar, trocear el resto e incorporar a la ensalada. Lavar los tomates, partirlos por la mitad y distribuirlos por la ensalada. Decorar con el eneldo.

VARIANTE

En lugar de atún, también se puede utilizar salmón marinado y cortado en dados.

CONSEJO

Esta ensalada es muy adecuada para tomar en la pausa del mediodía o para llevarla a un *picnic*.

Valor nutricional por ración:

265 kcal • **12 g** proteínas • **12 g** grasas • **26 g** hidratos de carbono • **3 g** fibra • aprox. **2** UC/UP

Ensalada de pasta con col china y naranja

PARA 2 PERSONAS

100 g de lazos de pasta integral (*farfalle*)
Sal y pimienta
250 g de col china
1 naranja grande
2 cucharadas de mayonesa para ensalada (*light*)
2 cucharadas de zumo de limón
½ ramillete de perejil liso
½ cucharadita de tomillo seco
1 cucharada de nueces picadas
PREPARACIÓN: 25 minutos

1. Cocer la pasta según las instrucciones del paquete, en abundante agua hirviendo salada hasta que quede al dente. A continuación asustar con agua fría y dejar escurrir bien. Mientras tanto lavar la col china, partirla en cuatro trozos y luego en tiras.

2. Pelar la naranja y retirar la mayor cantidad posible de piel blanca. Eliminar las pieles intermedias entre los gajos y partir por la mitad, recoger todo el zumo que caiga.

3. Echar en una fuente la col, la naranja y su zumo, así como la pasta antes preparada. Mezclar la mayonesa con el zumo de limón, remover bien y salpimentar. Agregar a la ensalada, remover y, si se considera necesario, modificar la sazón.

4. Lavar el perejil, picar las hojitas e incorporarlas a la ensalada junto con el tomillo. Distribuir en dos platos, espolvorear con las nueces y servir.

VARIANTE

En lugar de utilizar naranjas también resultan muy apropiados unos pequeños dados de otros tipos de frutas, como manzanas, peras o mangos.

Valor nutricional por ración:

305 kcal • **10 g** proteínas • **11 g** grasas • **41 g** hidratos de carbono • **7 g** fibra • aprox. **3 ½** UC/UP

Entrantes

Pizza rápida al minuto con champiñones y jamón

PARA 2 PERSONAS
2 rebanadas finas de pan de pita, de 70 g cada una
120 g de tomate para pizza (lata)
Sal y pimienta
100 g de champiñones o de setas de campo
1 diente de ajo
1 cucharadita de orégano seco
2 cucharaditas de aceite de oliva
50 g de jamón de York
2 cucharadas de queso de bola *Edam* recién rallado
PREPARACIÓN: 15 minutos
HORNEADO: 15 minutos

1. Precalentar el horno a 220ºC (en horno de aire, 200ºC). Cortar los panes por la mitad y separar las cuatro mitades que se colocarán en una bandeja del horno cubierta con papel de hornear. En un recipiente mezclar el tomate con la sal y la pimienta. Untar los panes que servirán de bases de las pizzas con esta salsa.

2. Lavar los champiñones y cortar en finas láminas, colocar sobre dos mitades de pan. Pelar y picar el ajo y repartirlo sobre la pizza. Agregar el aceite y salpimentar.

3. Cortar el jamón en tiras y colocarlas sobre el pan. Espolvorear el queso y meter en el horno (en la zona central) unos 15 minutos.

VARIANTE

Se pueden usar otros ingredientes, en lugar de champiñones también sirven unos corazones de alcachofas (de lata) cortados en trozos, medio pepino en tiras o una cebolla pequeña hecha anillas; asimismo admite una cucharadita de alcaparras.

Valor nutricional por ración:
360 kcal • 16 g proteínas • 9 g grasas • 51 g hidratos de carbono • 2 g fibra • aprox. 4 UC/UP

Berenjenas al horno

PARA 2 PERSONAS
1 berenjena grande, de 350-400 g
Sal
4 cucharaditas de aceite de oliva
Pimienta
1 bola de *mozzarella*, baja en grasa, de 125 g
4 tomates secos en aceite
6-8 hojas de albahaca
Además: 1 molde de horno grande
PREPARACIÓN: 25 minutos
HORNEADO: 5 minutos

1. Lavar las berenjenas, quitar la inserción de los tallos. Cortar en rodajas pequeñas longitudinales. Espolvorear con sal, dejar reposar y secar con papel de cocina el agua que rezume. Precalentar el horno a 220ºC (en horno de aire, 200ºC).

2. Pintar, por ambos lados, las rodajas de berenjena con aceite. Calentar a fuego fuerte una sartén de tipo plancha e ir asando por tandas las rodajas de berenjena; de vez en cuando se deberán apretar un poco con la espátula de cocina. Luego colocar la berenjena en el molde de horno; añadir la pimienta.

3. Cortar la *mozzarella* en rodajas delgadas y el tomate en tiras. Repartir sobre las berenjenas y añadir albahaca. Introducir en el horno (en la parte de arriba) de 4 a 5 minutos.

VARIANTE

En lugar de tomates secos, para este plato se pueden usar tomates frescos cortados en 1 o 2 rebanadas y colocar encima la *mozzarella*. Aderezar con sal.

Valor nutricional por ración:
255 kcal • 14 g proteínas • 19 g grasas • 4 g hidratos de carbono • 4 g fibra • aprox. ¼ UC/UP

Platos principales vegetarianos

Brócoli
con almendras y nueces

PARA 2 PERSONAS

500 g de brócoli
Sal
125 g de espirales de pasta integral (*spirelli*)
1 cebolla pequeña
1 diente de ajo
½ guindilla roja fresca pequeña
4 cucharadas de aceite de oliva
2 cucharadas de nueces picadas

PREPARACIÓN: 25 minutos

1. Retirar el troncho duro del brócoli. Recortar de él unos rosetones de tamaño medio, pelar los tallos gruesos y cortarlos en trozos pequeños. Lavar el brócoli.

2. Llevar a ebullición abundante agua con 1 cucharadita de sal. Cocer allí los tallos, a fuego medio, durante 2 minutos, después de añadir los rosetones y dejar que cueza todo de 3 a 4 minutos.

3. Usar una espumadera para sacar la verdura del agua y dejar escurrir. Cocer la pasta, según las instrucciones del paquete, en el agua de haber cocido la verdura hasta que quede al dente. Reservar 2 o 3 cucharadas de ese agua.

4. Pelar y trocear la cebolla y el ajo. (¡El picor obliga a lavarse en seguida las manos!)

5. Calentar el aceite de oliva, a fuego medio, en una sartén refractaria grande. Rehogar allí la cebolla, el ajo y la guindilla. Después incorporar el brócoli y la pasta, así como el agua reservada; mezclar todo bien y calentar.

6. Aderezar con sal esta sartenada de pasta. Tostar las nueces en una sartén pequeña sin grasa y luego esparcirlas por encima del plato.

CONSEJO

A este plato se le otorga un toque especial si se le agrega, además, una cucharada de alcaparras picadas.

VARIANTE

En lugar de utilizar brócoli, se puede preparar con coliflor. Para ello son necesarios 500 g de coliflor que, al igual que el brócoli, se separarán en rosetones no demasiado pequeños; hay que lavarla y cocerla tal como se ha descrito en la receta.
A continuación cocer la pasta en el agua de la verdura. Rehogar en aceite la cebolla, el ajo y un tomate cortado en trozos pequeños (en lugar de la guindilla). Picar las hojas de medio ramillete de perejil liso y entremezclar. Luego remover la coliflor y **la pasta**. El plato se adereza con sal y pimienta y se esparcen por encima las nueces tostadas.

Valor nutricional por ración:

420 kcal • 16 g proteínas • 19 g grasas • 47 g hidratos de carbono • 11 g fibra • aprox. 4 UC/UP

Platos principales vegetarianos

Coliflor al curri con jengibre y cilantro

PARA 2 PERSONAS

500 g de coliflor (pesada después de limpiar)
2 cebolletas
1 trozo de jengibre, de unos 30 g
1 tomate carnoso grande
½ vaina pequeña de guindilla seca
2 cucharaditas de aceite vegetal
½ cucharadita de cúrcuma, ½ de cilantro molido y ½ de pimienta
300 ml de caldo de verduras
50 ml de leche de coco
Sal
2 ramas de cilantro o perejil
PREPARACIÓN: 30 minutos

1. Lavar la coliflor y separarla en rosetones; cortar el troncho en trocitos. Lavar la cebolleta y cortarla en anillos delgados. Pelar el jengibre y trocearlo fino. Lavar el tomate, partirlo por la mitad, retirar la inserción del tallo, las pepitas y el líquido, y cortar la carne en dados.

2. Cortar la guindilla por la mitad en sentido longitudinal, retirar las pepitas y hacerla tiras pequeñas. Primero incorporar la cúrcuma, el cilantro, y la pimienta y remover bien, y luego añadir la cebolla y el jengibre y rehogar durante un instante. Después añadir la coliflor, los tomates, la guindilla y el caldo.

4. Dejar cocer tapado, a fuego entre bajo y medio, durante unos 20 minutos. Remover de vez en cuando. Añadir la leche de coco y aderezar el plato con sal. Lavar el cilantro, retirar las hojitas del tallo y echar al curri.

CONSEJO

Para este plato es muy adecuado un arroz *basmati*, la cantidad depende de las necesidades de UC (véase la tabla de la página 13).

Valor nutricional por ración:

140 kcal • **8 g** proteínas • **6 g** grasas • **12 g** hidratos de carbono • **9 g** fibra • aprox. **1** UC/UP

Acelgas con tomates, patatas y alcaparras

PARA 2 PERSONAS

1 manojo de acelgas, de unos 400 g
1 cebolla
1 diente de ajo
150 g de patatas (según las necesidades de UC esa cantidad se puede elevar; o bien acompañar la comida con pan integral; véase la tabla de la página 13)
150 g de tomates
2 cucharaditas de aceite de oliva
1 cucharada de alcaparras
1 limón ecológico
1 cucharadita de tomillo seco
Sal y pimienta
2 cucharadas de yogur, 1,5 por ciento de grasa
PREPARACIÓN: 30 minutos

1. Retirar las hojas de las pencas de las acelgas, lavar todo y, si fuera necesario, eliminar los hilos de las pencas y luego cortarlas en rodajas delgadas. Cortar las hojas, primero por la mitad en sentido longitudinal y luego en tiras transversales. Pelar la cebolla y cortarla en dados. Pelar y picar el ajo.

2. Pelar las patatas y cortarlas en dados. Lavar los tomates, partirlos por la mitad, retirar la inserción del tallo y cortarlos en rodajas.

3. Calentar el aceite, a fuego medio, en una sartén refractaria grande. Rehogar la cebolla y el ajo hasta que adquieran un aspecto cristalizado. Añadir los tallos de las acelgas y las patatas, 2 cucharadas de agua y remover, dejar que se cocine, tapado, durante 5 minutos.

4. Luego incorporar las hojas de las acelgas, los tomates y las alcaparras. Tapar de nuevo y dejar cocinar durante 10 minutos más sin olvidar remover de vez en cuando.

5. Lavar el limón con agua caliente, secarlo bien y rallar 1 cucharadita de cáscara. Exprimir 1 cucharada sopera de zumo. Aderezar la verdura con el tomillo, la cáscara y el zumo de limón, salpimentar y repartir en dos platos. Colocar sobre cada uno de ellos 1 cucharada de yogur y servir.

Valor nutricional por ración:

135 kcal • **6 g** proteínas • **6 g** grasas • **15 g** hidratos de carbono • **6 g** fibra • aprox. **1¼** UC/UP

Platos principales vegetarianos

Penne
con salsa de berenjena y tomate

PARA 2 PERSONAS
½ manojo de cebolletas
1 diente de ajo
1 berenjena pequeña, de unos 250 g
2 cucharaditas de aceite de oliva
200 g de tomate para pizza (de lata)
3 cucharadas de vino tinto (se pueden sustituir por 1 cucharada de zumo de limón)
Sal y pimienta
Azúcar
125 g de macarrones integrales (*penne*)
10-12 hojas de albahaca
2 cucharadas de parmesano recién rallado
PREPARACIÓN: 30 minutos

1. Lavar las cebolletas, partirlas por la mitad en sentido longitudinal y luego en trozos pequeños. Pelar el ajo y cortarlo en dados pequeños. Lavar la berenjena y, una vez retirada la inserción del tallo, cortarla también en dados pequeños.

2. Calentar el aceite, a fuego medio, en una sartén refractaria. Rehogar allí la cebolla y el ajo hasta que adquieran un aspecto transparente. Añadir los dados de berenjena y rehogar todo durante un instante. Añadir el tomate y el vino. Dejar cocer todo y añadir sal, pimienta y una pizca de azúcar. Dejar hervir la salsa tapada durante 10 minutos a fuego bajo.

3. Mientras tanto cocer la pasta según las instrucciones del paquete en abundante agua salada hasta que quede al dente, echar un colador, escurrir y luego mezclar con la salsa. Lavar la albahaca, retirar las hojitas y mezclar. Servir la pasta en dos platos precalentados y esparcir por encima el parmesano.

CONSEJO

Para preparar este plato, en lugar de berenjenas también se puede utilizar calabacín. Lo mejor es servirse de un calabacín ecológico pequeño y firme y cortarlo en dados sin quitar la cáscara.

VARIANTE

La salsa se puede enriquecer con un pimiento rojo, que se cortará por la mitad y se retirará el tallo, las pepitas y todas las pieles blancas intermedias. Lavar cada mitad y cortarlo en dados. Añadir los dados de pimiento a la berenjena, el ajo y la cebolla, y rehogar todo durante un instante. Seguir con la preparación de la salsa tal como se ha descrito en la receta y luego mezclar con la pasta.

Valor nutricional por ración:

330 kcal • 14 g proteínas • 9 g grasas • 48 g hidratos de carbono • 9 g fibra • aprox. 4 UC/UP

Platos principales vegetarianos

Ensalada caliente de puerros y patatas

PARA 2 PERSONAS
2 puerros, de unos 500 g
560 g de patatas para cocer
1 cebolla
1 cucharadita aceite de oliva
¼ de litro de caldo de verduras
2 huevos
3 ramas de mejorana
3 ramas de perejil liso
100 g de queso fresco, bajo en grasa
Sal y pimienta
Nuez moscada recién rallada
PREPARACIÓN: 30 minutos

1. Lavar el puerro, cortarlo por la mitad en sentido longitudinal y después en trozos de 3 cm de largo. Pelar las patatas y cortarlas en dados de tamaño mediano. Pelar la cebolla y cortarla en anillos delgados.

2. Calentar aceite, a fuego medio, en una cacerola, introducir la verdura y no dejar de remover durante 1 o 2 minutos. Regar después con el caldo y dejar hervir, tapado, durante 15 minutos; remover de vez en cuando.

3. Mientras tanto cocer los huevos 5 minutos. Lavar la mejorana y el perejil, picar las hojitas y echar a la cacerola. Entremezclar el queso fresco y aderezar el plato con sal, pimienta y una pizca de nuez moscada. Pelar los huevos.

4. Distribuir en dos platos hondos. Partir los huevos por la mitad y colocar sobre la verdura.

Valor nutricional por ración:

430 kcal • 20 g proteínas • 21 g grasas • 41 g hidratos de carbono • 6 g fibra • aprox. 3½ UC/UP

Risotto con col rizada y setas

PARA 2 PERSONAS
400 g de col rizada
4 cebolletas
100 g de setas cantarela o boletus
500-600 ml de caldo de verduras
90 g de arroz para *risotto*
2 cucharaditas de aceite de oliva
½ ramillete de perejil liso
Sal y pimienta
1 cucharadita de zumo de limón
2 cucharadas de parmesano recién rallado
PREPARACIÓN: 30 minutos

1. Quitar las hojas triangulares duras de la col y retirar el troncho. Cortar la col en cuatro trozos, lavarla y dejar escurrir; después cortar en tiras delgadas. Lavar las cebolletas y cortarlas en anillos delgados. Limpiar las setas (si fuera necesario se las puede lavar un poco y luego secarlas) y trocearlas. Calentar el caldo de verduras.

2. Lavar el arroz en un colador con agua fría y retirar del agua. Calentar aceite a fuego medio en una cacerola y rehogar allí la cebolla hasta que adquiera un aspecto cristalizado. Luego añadir la col y rehogar durante 2 minutos. Echar el arroz y las setas y rehogar durante 2 minutos más.

3. Echar el caldo que sea necesario hasta que todo quede cubierto. Seguir cocinando durante 5 minutos más a fuego débil sin dejar de remover. Añadir más caldo a medida que lo absorba el arroz. El *risotto* debe quedar cremoso. Pasados unos 2 minutos el arroz estará listo para comer; ha de tener cierto punto de dureza.

4. Lavar el perejil, picar las hojitas y mezclar con el arroz. Aderezar el *risotto* con sal, pimienta y zumo de limón. Servir con el parmesano por encima.

CONSEJO

En lugar de setas frescas, también se pueden utilizar secos, por ejemplo, boletus (4 gramos). Antes de utilizarlas, estas setas deshidratadas deben mantenerse en remojo durante 30 minutos en 200 ml de agua. Esa agua también nos puede servir en la receta.

Valor nutricional por ración:

290 kcal • 12 g proteínas • 8 g grasas • 41 g hidratos de carbono • 8 g fibra • aprox. 3½ UC/UP

Platos principales vegetarianos

Cazuela de garbanzos con hinojo

PARA 2 PERSONAS

1 cebolla
2 dientes de ajo
1 bulbo de hinojo
1 patata grande
2 cucharaditas de aceite de oliva
250 g de tomates pelados (de lata)
1 lata pequeña de garbanzos, de 250 g de peso escurrido
1 cucharadita de orégano troceado
1 cucharadita de romero
1 cucharadita de pimentón picante
Sal y pimienta

PREPARACIÓN: 30 minutos

1. Pelar la cebolla y el ajo y cortar en dados pequeños. Retirar el troncho duro del hinojo, y reservar la parte verde de las hojas. Lavar el bulbo, cortarlo en cuatro trozos, cortar el tallo central y cada uno de los cuartos en tiras pequeñas. Pelar la patata y trocearla.

2. Calentar el aceite, a fuego medio, en una cacerola, rehogar la cebolla y el ajo hasta que adquieran un aspecto cristalizado, añadir el hinojo y las patatas y dejar dorar durante un instante. Echar el tomate y aplastarlo un poco con una cuchara de cocina. Dejar cocer todo, tapado y a fuego medio, durante 15 minutos aproximadamente.

3. Mientras tanto escurrir los garbanzos y añadirlos a la cacerola con el resto de los ingredientes. Entremezclar las hierbas y el pimentón y salpimentar el guiso. Dejar cocer a fuego lento durante otros 3 minutos. Modificar la sazón si se estima necesario. Cortar el verde del hinojo en trozos grandes y esparcir por encima.

CONSEJO

Para este plato es muy adecuado el pan integral; la cantidad depende de las necesidades de UC (véase la tabla de la página 13).

Valor nutricional por ración:

275 kcal • **10 g** proteínas • **7 g** grasas • **41 g** hidratos de carbono • **11 g** fibra • aprox. **3½** UC/UP

Cazuela de judías blancas

PARA 2 PERSONAS

2 zanahorias
100 g de apio en rama + 1 hoja de apio
1 puerro
1 diente de ajo
2 cucharadas de aceite de oliva
1 lata pequeña de judías blancas, de 250 g de peso escurrido
½ cucharadita de granos de pimienta verde en salmuera
1 cucharadita de ajedrea seca

PREPARACIÓN: 30 minutos

1. Pelar las zanahorias y cortarlas en dados; lavar el apio en rama y trocearlo en daditos. Lavar la hoja de apio y picarla en trozos grandes. Lavar el puerro, partirlo por la mitad a lo largo y luego en delgados aros. Pelar y picar el ajo.

2. Calentar el aceite de oliva a fuego medio en una sartén refractaria, incorporar las zanahorias, el ajo y todo el apio, rehogar todo sin dejar de remover, escurrir las judías y echar el caldo a las verduras. Dejar hervir durante 15 minutos a fuego lento con la cacerola tapada.

3. Majar la pimienta en un mortero y junto con la ajedrea y las judías añadir al resto de los ingredientes que están en la cazuela. Dejar hervir todo y aderezar con sal.

CONSEJOS

Si se considera demasiado fuerte el sabor de los granos de pimienta en salmuera, también se puede aderezar con pimienta normal recién molida.

Otro consejo: para este plato es muy adecuado el pan integral; la cantidad depende de las necesidades de UC (véase la tabla de la página 13).

Valor nutricional por ración:

195 kcal • **10 g** proteínas • **6 g** grasas • **26 g** hidratos de carbono • **6 g** fibra • aprox. **2** UC/UP

Platos principales vegetarianos

Tagliatelle con calabacín

PARA 2 PERSONAS
250 g de calabacín
1 chalota
1 diente de ajo
120 g de tiras de pasta integrales (*tagliatelle*)
Sal y pimienta
2 cucharaditas de aceite vegetal
50 g de queso fresco, bajo en grasa
Cilantro molido
10 hojas de albahaca
2 cucharadas de queso *pecorino* fresco recién rallado
PREPARACIÓN: 25 minutos

1. Lavar el calabacín, retirar la parte del tallo y la inserción de las flores. Cortarlo, conservando la piel, en rodajas delgadas (si el calabacín es muy grueso, dividirlo primero por la mitad en sentido longitudinal). Pelar la chalota y el ajo y cortarlos en dados pequeños.

2. Cocer la pasta según las instrucciones del paquete, en abundante agua hirviendo salada hasta que quede al dente y luego dejar escurrir.

3. Mientras tanto calentar aceite a fuego medio en una sartén refractaria profunda. Rehogar la chalota y el ajo hasta que adquieran un aspecto cristalizado. Mezclar el calabacín y rehogar también. Añadir 2 o 3 cucharadas de agua y dejar que las verduras se cocinen a fuego lento durante unos 3 minutos.

5. Añadir el queso fresco y aderezar la salsa con sal, pimienta y una pizca de cilantro. Añadir la pasta y calentar todo junto. Lavar la albahaca, retirar las hojitas y echar por encima. Servir la pasta en dos platos hondos precalentados y esparcir por encima el queso.

CONSEJO

En lugar de albahaca también se pueden utilizar de 8 a 10 hojas de menta y media cucharadita de ralladura fina de cáscara de limón ecológico.

Valor nutricional por ración:

350 kcal • **15 g** proteínas • **13 g** grasas • **44 g** hidratos de carbono • **6 g** fibra • aprox. **3½** UC/UP

Espaguetis con salsa de setas

PARA 2 PERSONAS
150 g de setas de campo o champiñones
1 cucharada de zumo de limón
1 cebolla
1 diente de ajo
120 g de espaguetis integrales
Sal y pimienta
2 cucharaditas de aceite de oliva
2 cucharadas de vino blanco (se pueden sustituir por 1 cucharada de zumo de limón + 1 cucharada de agua)
Pimentón molido
1 cucharadita de tomillo seco
2 cucharadas de queso fresco, bajo en grasa
2 cucharadas de queso de bola Edam recién rallado

PREPARACIÓN: 30 minutos

1. Limpiar las setas con papel de cocina y cortar en láminas delgadas. Rociar con el zumo de limón. Pelar la cebolla y el ajo y cortarlos en dados pequeños.

2. Cocer los espaguetis según las instrucciones del paquete, en abundante agua salada hirviendo hasta que queden al dente y luego dejar escurrir.

3 Mientras tanto calentar el aceite, a fuego medio, en una cacerola. Rehogar allí la cebolla y el ajo hasta que adquieran un aspecto cristalizado. Echar las setas y continuar rehogando. Regar con el vino y el caldo y llevar a ebullición. Aderezar con sal, pimienta y una pizca de pimentón. Añadir el tomillo y luego el queso fresco.

4. Mezclar la salsa con los espaguetis y servir el plato en dos recipientes precalentados. Espolvorear por encima el queso rallado.

CONSEJO

Por supuesto, se pueden utilizar otro tipo de setas. El plato tiene un sabor extraordinario si se utilizan cantarela o boletus frescos.

Valor nutricional por ración:

320 kcal • **15 g** proteínas • **10 g** grasas • **43 g** hidratos de carbono • **7 g** fibra • aprox. **3½** UC/UP

Platos principales vegetarianos

Tortilla de patatas
con yogur a las hierbas

PARA 2 PERSONAS

300 g de patatas para cocer
1 cebolla
1 pimiento rojo
4 cucharaditas de aceite de oliva
Sal y, pimienta
1 cucharadita de tomillo seco
2 huevos (tamaño M)
150 g de yogur, 1,5 por ciento de grasa
1 cucharadita de perejil troceado y 1 de menta

PREPARACIÓN: 30 minutos

1. Pelar las patatas y cortarlas en tiras muy delgadas sirviéndose de un rallador. Pelar la cebolla y cortarla en anillos delgados. Cortar el pimiento en cuatro trozos, retirar el tallo, las pepitas y las pieles blancas intermedias. Lavar el pimiento y cortarlo en tiras muy delgadas.

2. Calentar 2 cucharaditas de aceite, a fuego medio, en una sartén refractaria. Echar las patatas y freír de 6 a 7 minutos; remover de vez en cuando. Mezclar los anillos de cebolla y las tiras de pimiento, colocar una tapa y dejar que la verdura se rehogue durante 5 minutos; darle la vuelta una o dos veces. Aderezar todo con sal, pimienta y tomillo.

3. En una fuente batir los huevos con 2 cucharadas de agua. Añadir a los huevos la mezcla de verduras antes preparada. Secar la sartén con papel de cocina. Calentar en esa misma sartén 1 cucharada de aceite y echar la mezcla de huevo y verdura. Freír la tortilla de 3 a 4 minutos hasta que la parte de abajo cuaje.

4. Luego colocar la tortilla sobre una tapadera resistente. Agregar otra cucharadita de aceite en la sartén y colocar en ella la tortilla por la parte que no se ha cuajado. Dejar que se cocine, a fuego medio, durante 3 o 4 minutos más.

5. Mezclar el yogur, el perejil y la menta y salar. Colocar la tortilla sobre un plato, partir en cuatro trozos y servir acompañada del yogur a las hierbas.

CONSEJO

Se puede acompañar con una ensalada verde.
La tortilla de patatas también se come fría, por ejemplo, a modo de aperitivo en la pausa del trabajo o durante una excursión. Algunos tomates *cherry* o unos trozos de pepino pueden servir como jugosa guarnición.

ACOMPAÑAMIENTO

Para este plato es muy adecuado el pan integral; la cantidad depende de las necesidades de UC (véase la tabla de la página 13).

Valor nutricional por ración:

340 kcal • **15 g** proteínas • **18 g** grasas • **29 g** hidratos de carbono • **7 g** fibra • aprox. **2½** UC/UP

Platos principales vegetarianos

Patatas cocidas
con piel con *quark* de rabanitos y berros

PARA 2 PERSONAS
560 g de patatas pequeñas para cocer
150 g de *quark* desnatado
50 ml de leche, 1,5 por ciento de materia grasa
Sal y pimienta
1 cebolla roja pequeña
1 caja pequeña de berros
½ ramillete de rabanito
PREPARACIÓN: 25 minutos

1. Lavar las patatas, cepillarlas si se estima preciso, y cocerlas en una cacerola con 1 taza de agua. Dejarlas de 25 a 30 minutos a fuego entre medio y bajo. Mientras tanto echar el *quark* en un recipiente, y remover bien con la leche. Salpimentar.

2. Pelar la cebolla y cortarla en dados muy pequeños. Cortar los berros con una tijera. Reservar un par de manojitos para decorar. Echar el resto de los berros y la cebolla en el *quark* y mezclar bien.

3. Lavar los rábanos y, según su tamaño, cortar en 4 u 8 trozos. Reservar algunos para decorar. Mezclar el resto con el *quark*.

4. Según los gustos, las patatas se pueden comer con cáscara o sin ella. Servirlas con el *quark* y decorar con los berros y rábanos que hemos reservado.

Valor nutricional por ración:
280 kcal • **24 g** proteínas • **1 g** grasas • **42 g** hidratos de carbono • **6 g** fibra • aprox. **3½** UC/UP

Curri multicolor de lentejas

PARA 2 PERSONAS
1 puerro
2 zanahorias
2 varas de apio
2 cucharaditas de aceite vegetal
200 g de tomate de pizza (en lata)
1 lata grande de lentejas verdes, de 480 g de peso escurrido
1 cucharada de polvo de curri (puede ser suave o picante, al gusto)
Sal
1 cucharada de cilantro fresco picado (se puede sustituir por perejil)
PREPARACIÓN: 25 minutos

1. Lavar el puerro, partir por la mitad en sentido longitudinal y luego cortar en tiras. Pelar las zanahorias, cortarlas en longitudinal y luego hacerlas bastoncillos. Lavar el apio y cortarlo en rodajas delgadas.

2. Calentar el aceite, a fuego medio, en una sartén refractaria profunda y rehogar la verdura unos 2 minutos. Añadir el tomate y dejar cocinar todo, tapado, durante 10 minutos a fuego lento.

3. Incorporar las lentejas y el curri a la verdura, llevar a ebullición y aderezar con sal. Añadir el cilantro. Dejar reposar el plato durante unos 2 minutos y servir.

CONSEJO

Para este plato resultan muy adecuados encurtidos o pepinillos, así como arroz; la cantidad depende de las necesidades de UC (véase la tabla de la página 13).

Valor nutricional por ración:
385 kcal • **21 g** proteínas • **10 g** grasas • **54 g** hidratos de carbono • **9 g** fibra • aprox. **4½** UC/UP

Platos principales de pescado

Salmón al vapor
sobre lecho de espinacas

PARA 2 PERSONAS

2 lomos de salmón, de 2 cm de grosor
1 cucharadita de cáscara de limón ecológico rallada fina
Sal y pimienta
Anís molido
1 cucharadita de aceite de oliva
2 ramas de perejil liso
⅛ l de vino blanco seco (se puede sustituir por ⅛ l de zumo de naranja recién exprimido)
340 g de espinacas congeladas
1 cucharadita de zumo de limón
2 cucharadas de queso fresco, bajo en grasa
1 cucharada de mezcla de hierbas picadas y congeladas
Además: recipiente para cocinar al vapor

PREPARACIÓN: 30 minutos

1. Lavar el pescado con agua fría y secar con papel de cocina. Mezclar la cáscara de limón, 1/2 cucharadita de sal y una pizca de pimienta con el anís y el aceite. Pintar el pescado con esta salsa. Lavar el perejil, echarlo al recipiente de cocción al vapor y colocar encima el pescado.

2. Llevar a ebullición, en una cacerola adecuada, el vino y 1/8 l de agua, colocar encima el dispositivo de vapor con el pescado dentro, tapar y dejar que se cocine al vapor, a fuego medio, durante 10 minutos.

3. Mientras tanto cocer las espinacas en una cacerola según las instrucciones del envase. Aderezar a continuación con sal, pimienta y zumo de limón. Distribuir las espinacas en dos platos precalentados y colocar encima de cada uno un filete de pescado; mantener caliente.

4. Echar en una cacerola pequeña 100 ml de la mezcla de agua y vino que hemos utilizado antes, agregar el queso y la mezcla de hierbas. Calentar la salsa sin dejar de remover hasta que espese. Salpimentar y luego regarla sobre el salmón.

VARIANTE

Este plato también se puede preparar con otros tipos de filetes de pescado como, por ejemplo, gallineta nórdica (o cabracho), rape o lucioperca. De esos pescados habrá que comprar trozos de unos 150 g para cada ración. Si son muy gruesos se deberán alargar los tiempos de cocción; en caso contrario, como ocurre por ejemplo con los trozos de colas, habrá que disminuirlos.

CONSEJO

Para este plato son muy adecuadas unas patatas cocidas con piel; la cantidad depende de las necesidades de UC (véase la tabla de la página 13).

Valor nutricional por ración:

305 kcal • **29 g** proteínas • **6 g** grasas • **17 g** hidratos de carbono • **4 g** fibra • aprox. **1 ½** UC/UP

Platos principales de pescado

Bacalao con calabacín y zanahorias

PARA 2 PERSONAS
2 calabacines
2 zanahorias
2 ramas de tomillo
3 cucharaditas de aceite de oliva
Sal y pimienta
400 g de filetes de bacalao
1 cucharadita de zumo de limón
2 cucharaditas de nata agria
PREPARACIÓN: 30 minutos

1. Lavar los calabacines, pelar las zanahorias y cortar todo en dados pequeños. Lavar el tomillo y sacudirlo para que se seque. Retirar las hojitas y cortarlas en trozos grandes.

2. Calentar 1 cucharadita de aceite, a fuego medio, en una sartén y rehogar la verdura durante 3 o 4 minutos junto con el tomillo; salpimentar un poco, sacar de la sartén y reservar.

3. Lavar los filetes de pescado con agua fría, secar con papel de cocina y partir por la mitad. Aderezar ambos trozos con sal y pimienta. Calentar 2 cucharaditas de aceite, a fuego medio, en una sartén y dorar allí los filetes durante 2 minutos por cada lado a fuego medio.

4. Después rociar el pescado con zumo de limón. Colocar la verdura sobre los trozos de pescado y agregar por encima de cada uno 1 cucharadita de nata. Tapar el pescado y dejar que se termine de cocinar a fuego bajo durante 2 minutos.

CONSEJO

Para este plato es muy adecuado el arroz; la cantidad depende de las necesidades de UC (véase la tabla de la página 13).

Valor nutricional por ración:

255 kcal • **37 g** proteínas • **9 g** grasas • **8 g** hidratos de carbono • **4 g** fibra • aprox. ½ UC/UP

Filetes de platija al horno

PARA 2 PERSONAS
6 tomates
4 ramas de perejil liso
1 puñado de hojas de albahaca
2 cucharadas de alcaparras
½ cucharadita de cáscara de limón ecológico rallada fina
3 cucharadas de pan rallado
3 cucharaditas de aceite de oliva
Sal y pimienta
400 g de lomos de platija
1 cucharadita de zumo de limón
Además: molde especial para horno (aprox. de 20 x 20 cm)
PREPARACIÓN: 10 minutos
COCCIÓN: 20 minutos

1. Lavar los tomates, partirlos por la mitad y hacerlos dados pequeños después de haber retirado la inserción del tallo y las pepitas. Echar estos dados en un recipiente.

2. Lavar el perejil y la albahaca, sacudirlos para que se sequen y picarlos en trozos pequeños. Trocear también las alcaparras e incorporar al tomate junto con las hierbas y la ralladura de limón, al tomate. Añadir el pan rallado y 2 cucharaditas de aceite de oliva y remover todo bien, salpimentar. Precalentar el horno a 220 °C (en horno de aire, 200 °C).

3. Lavar el pescado con agua fría, secar con papel de cocina, rociar con el zumo de limón y aderezar con sal y pimienta. Engrasar el molde con el aceite restante. Colocar en el molde, uno al lado del otro, los filetes de pescado. Agregar por encima la mezcla de tomates y hierbas y meter en el horno (en la bandeja central) donde, según el grosor de las piezas, se mantendrán de 15 a 20 minutos.

CONSEJO

Como guarnición para este plato resultan muy adecuadas unas patatas cocidas con piel; la cantidad depende de las necesidades de UC (véase la tabla de la página 13).

Valor nutricional por ración:

350 kcal • **40 g** proteínas • **12 g** grasas • **20 g** hidratos de carbono • **3 g** fibra • aprox. 1½ UC/UP

Platos principales de pescado

Emperador
con vinagreta

PARA 2 PERSONAS

2 filetes de emperador, de 150 g cada uno
Sal y pimienta
4 cucharaditas de aceite de oliva
1 cucharada de zumo de limón
2 dientes de ajo
½ ramillete de perejil liso
1 cucharada de alcaparras
1 cucharadita de orégano fresco picado
1 pimiento rojo, 1 naranja y 1 amarillo
1 cebolla grande

PREPARACIÓN: 30 minutos

1. Lavar el pescado con agua fría y secar con papel de cocina. Salpimentar por ambos lados. Cubrir el recipiente de cocción al vapor con papel de aluminio y pintar con 1 cucharadita de aceite. Colocar encima, unos al lado de los otros, los filetes de pescado.

2. Mezclar el zumo de limón con 1 cucharadita de aceite. Pelar y picar un ajo. Lavar el perejil, sacudirlo para que se seque, trocear las hojas junto con las alcaparras e incorporar a la vinagreta; repartir sobre el pescado.

3. En una cacerola adecuada para el recipiente de vapor echar dos dedos de agua y llevar a ebullición, después bajar el fuego. Colocar encima el aparato del vapor. Cocinar el pescado tapado durante 15 minutos y, 5 minutos antes de que termine, repartir el orégano por encima de los filetes.

4. Mientras tanto partir por la mitad los pimientos, lavarlos y cortarlos en tiras. Pelar la cebolla y el otro ajo. Partir la cebolla por la mitad y cortarla en tiras, picar el ajo en dados pequeños. Calentar 2 cucharaditas de aceite, a fuego medio, en una sartén y rehogar la cebolla y el ajo hasta que adquieran un aspecto cristalizado. Incorporar las tiras de pimiento y rehogar otros 5 minutos más hasta que queden al dente. Aderezar con sal y pimienta y servir acompañando el pescado.

CONSEJO

Para este plato son muy adecuadas unas patatas cocidas con piel o una *baguette* integral; las cantidades dependen de las necesidades de UC (véase la tabla de la página 13).

VARIANTE

Para preparar este plato también se pueden utilizar otros pescados que sean firmes y más baratos, como podrían ser la gallineta nórdica (o cabracho) o bien el abadejo. Los filetes deben tener el grosor aproximado de un dedo.

Valor nutricional por ración:

325 kcal • 3 g proteínas • 17 g grasas • 10 g hidratos de carbono • 9 g fibra • aprox. 1 UC/UP

Platos principales de pescado

Sartenada de cabracho con pimientos

PARA 2 PERSONAS
1 pimiento rojo, 1 amarillo y 1 naranja
1 ramillete de cebolletas
1 diente de ajo
Sal
2 cucharaditas de aceite de oliva
400 g de cabracho en filetes
1 cucharada de zumo de limón
Pimienta
8 hojas de albahaca
PREPARACIÓN: 30 minutos

1. Limpiar los pimientos y cortarlos en cuatro trozos. Luego lavarlos de nuevo y cortarlos en tiras. Limpiar las cebolletas y cortarlas en trozos de 2 o 3 cm de longitud. Pelar el ajo y cortarlo en láminas.

2. Calentar el aceite, a fuego medio, en una sartén profunda y rehogar la verdura de 3 a 4 minutos sin dejar de remover. Mientras tanto lavar el pescado con agua fría, secar con papel de cocina y cortar en dados de unos 3 cm de tamaño; rociar por encima con el zumo de limón.

3. Salpimentar la verdura. Colocar el pescado entre la verdura y, tapado, cocinar a fuego medio de 7 a 8 minutos.

4. Lavar la albahaca, retirar las hojitas e incorporar con cuidado al plato. Rectificar la sazón, si se estima necesario, y servir en dos platos precalentados.

CONSEJO

A este plato le acompaña muy bien la pasta o el arroz integral; las cantidades dependen de las necesidades de UC (véase la tabla de la página 13).

Valor nutricional por ración:

315 kcal • 40 g proteínas • 6 g grasas • 9 g hidratos de carbono • 9 g fibra • aprox. 1 UC/UP

Locha espinosa a la salsa de coco y azafrán

PARA 2 PERSONAS
1 cebolla
1 diente de ajo
2 cucharaditas de aceite vegetal
100 ml de caldo de verduras
4-5 hebras de azafrán
Cardamomo molido
Jengibre en polvo
50 ml de leche de coco
Sal y pimienta
4 zanahorias
2 ramilletes de perejil
1 cucharadita de zumo de limón
1 cucharadita de aceite de nuez
1 rama de melisa
PREPARACIÓN: 30 minutos

1. Lavar el pescado con agua fría, secar con papel de cocina y cortarlo en dados de unos 3 cm de tamaño. Pelar la cebolla y el ajo y picarlos en dados pequeños. Calentar el aceite, a fuego medio, en una cacerola y rehogar la cebolla y el ajo hasta que adquieran un aspecto cristalizado. Incorporar el caldo y el azafrán y dejar que cueza, tapado, durante unos 5 minutos.

2. Incorporar la leche de coco y una pizca de cardamomo y jengibre, mezclar con la salsa y dejar hervir durante un instante. Salpimentar la salsa, colocar encima los trozos de pescado y dejar que cueza, tapado, a fuego lento de 7 a 8 minutos.

3. Mientras tanto, para preparar la ensalada, pelar las zanahorias y rallarlas en tiras gruesas. Lavar el perejil, sacudirlo para que se seque y picar bien las hojas. Mezclar las zanahorias con el perejil, el zumo de limón y el aceite de nuez y salpimentar.

4. Lavar la melisa, picar la mitad de las hojas e incorporarlas a la salsa. Colocar el pescado con la ensalada en dos platos, decorar el plato con el resto de melisa y servir.

Valor nutricional por ración:

280 kcal • 26 g proteínas • 15 g grasas • 10 g hidratos de carbono • 6 g fibra • aprox. 1 UC/UP

Platos principales de pescado

Filetes de carpa
al *wok*

PARA 2 PERSONAS
300 g de filetes de carpa
1 cucharada de zumo de limón
Sal y pimienta
1 puerro delgado
1 zanahoria grande
100 g de tirabeques
1 trozo de jengibre, de unos 20 g
1 rama de hierba luisa
3 cucharaditas de aceite vegetal
1 cucharadita de aceite de sésamo tostado
2 cucharadas de salsa de soja
1 cucharada de vinagre de vino de arroz
½ cucharadita de polvo de cinco especias (en la sección asiática de los supermercados)
¼ de ramillete de cebollino
PREPARACIÓN: 30 minutos

1. Lavar el pescado con agua fría, secar con papel de cocina y cortar en dados de unos 4 cm de tamaño. Rociar con el zumo de limón, salpimentar un poco y dejar reposar tapado.

2. Lavar el puerro, cortarlo en sentido longitudinal y luego en trozos de 2 cm de ancho. Pelar las zanahorias y cortarlas en tiras delgadas. Lavar los tirabeques y cortarlos en sentido transversal. Pelar el jengibre y hacerlo dados pequeños. Lavar la hierba Luisa y cortarla en trozos.

3. Calentar 1 cucharada de aceite vegetal, a fuego fuerte, en un *wok* o una gran sartén refractaria y dorar por ambos lados durante 3 o 4 minutos los trozos de pescado hasta que adquieran un tono tostado, sacarlos de la sartén y reservarlos. Luego calentar el aceite vegetal restante en la sartén o el *wok*. Añadir, en el orden que se indica y con intervalos de medio minuto entre cada ingrediente, las zanahorias, el puerro, los guisantes, el jengibre y la hierba luisa, rehogar todo y aderezar con el aceite de sésamo, la salsa de soja, el vinagre y las cinco especias.

4. Entremezclar con cuidado el pescado y servir en dos platos. Lavar el cebollino, cortarlo en anillos y distribuir por encima.

CONSEJO

A este plato le acompaña muy bien un arroz integral; la cantidad depende de las necesidades de UC (véase la tabla de la página 13).

VARIANTE

En lugar de carpa también se pueden utilizar otros pescados de carne firme. Como verdura adicional se pueden incorporar al *wok* 100 g de brotes de soja y rehogar de 1 a 2 minutos.

Valor nutricional por ración:
334 kcal • **30 g** proteínas • **18 g** grasas • **9 g** hidratos de carbono • **4 g** fibra • aprox. **1** UC/UP

Platos principales de pescado

Trucha al hinojo

PARA 2 PERSONAS
2 truchas listas para cocinar, de 250 g cada una
1 cucharada de zumo de limón
1 cucharadita de semillas de hinojo
Sal y pimienta
2 bulbos de hinojo con mucha parte verde
30 g de cecina de vaca
3 cucharaditas de aceite de oliva
Además: molde para horno (de aproximadamente 20 x 20 cm)
PREPARACIÓN: 15 minutos
COCCIÓN: 15 minutos

1. Lavar las truchas, por dentro y por fuera, secar con papel de cocina y rociar con el zumo de limón. Majar en el mortero las semillas de hinojo, añadir 1 cucharadita de sal y una pizca de pimienta, aderezar el pescado por todas partes con esta mezcla.

2. Precalentar el horno a 225ºC (en horno de aire, 200ºC). Lavar el hinojo y reservar la parte verde. Partir el bulbo por la mitad y retirar el troncho haciendo un corte en forma de cuña. Rallar finamente las dos mitades. Cortar en dados pequeños la cecina.

3. Calentar 2 cucharaditas de aceite, a fuego medio, en una sartén, rehogar el hinojo durante 5 minutos y salpimentar. Mezclar el hinojo con la cecina y usarlo como relleno del pescado. Colocar el resto de la mezcla en el molde de horno y regar con el caldo. Colocar encima el pescado y rociar por encima con 1/2 cucharadita de aceite. Cubrir el molde con papel de aluminio. Hornear el pescado (en la bandeja central) durante 15 minutos. Luego esparcir por encima la parte verde del hinojo picada muy fina y servir.

CONSEJO

Este plato se puede acompañar con *baguette* integral, la cantidad depende de las necesidades de UC (véase la tabla de la página 13).

Valor nutricional por ración:

345 kcal • **41 g** proteínas • **15 g** grasas • **7 g** hidratos de carbono • **6 g** fibra • aprox. ½ UC/UP

Fletán sobre lecho de verdura

PARA 2 PERSONAS
200 g de zanahorias pequeñas
1 raíz de perejil grande
4 cucharaditas de aceite vegetal
200 g de guisantes congelados
4 ramas de perejil liso
Sal y pimienta
2 filetes de fletán negro, de 200 g cada uno
PREPARACIÓN: 30 minutos

1. Pelar las zanahorias y la raíz de perejil y rallarlos en tiras delgadas. Calentar 2 cucharaditas de aceite, a fuego medio, en una sartén, rehogar las zanahorias y el perejil durante 3 minutos. Añadir los guisantes junto con 3 cucharadas de agua y dejar cocer durante 5 minutos con la cacerola. Mientras tanto lavar el perejil, sacudirlo para que se seque, picar las hojitas y a continuación mezclar con el resto de la verdura; salpimentar todo.

2. Lavar el pescado con agua fría, y salpimentar por ambos lados.

Calentar 2 cucharaditas de aceite, a fuego medio, en una sartén, y dorar el pescado durante 2 minutos por cada lado.

3. Colocar la verdura sobre dos platos precalentados y colocar encima el fletán.

CONSEJO

Como guarnición para este plato resulta muy adecuado un arroz integral; la cantidad depende de las necesidades de UC (véase la tabla de la página 13).

Valor nutricional por ración:

390 kcal • **48 g** proteínas • **14 g** grasas • **17 g** hidratos de carbono • **8 g** fibra • aprox. 1½ UC/UP

Platos principales de pescado

Filetes de lucioperca
con costra de almendra

PARA 2 PERSONAS
1 cebolla roja grande
1 manzana ácida grande
5 cucharaditas de aceite vegetal
150 ml de zumo de manzana
Sal y pimienta
1 pizca de jengibre
2 cogollos de achicoria roja
2 filetes de lucioperca, de 150 g cada uno
1 cucharadita de zumo de limón
1 cucharada de eneldo y 1 de perejil, ambos congelados y picados
50 g de almendra molida
1 clara de huevo
PREPARACIÓN: 25 minutos

1. Pelar la cebolla, partirla por la mitad y luego en tiras delgadas. Lavar la manzana, trocearla en cuatro partes, retirar el corazón con las pepitas y luego cortarla en rodajas delgadas. Calentar 2 cucharaditas de aceite, a fuego medio, en una sartén, rehogar la manzana y la cebolla durante 2 minutos. Agregar 50 ml de zumo de manzana y dejar tapado durante 5 minutos. Salpimentar y aderezar con jengibre. Mantener caliente.

2. Lavar la achicoria, sacudirla para que se seque, retirar el troncho y retirar las hojas. Calentar 2 cucharaditas de aceite, a fuego medio, en la sartén, rehogar ligeramente la achicoria, asustar con 100 ml de zumo de manzana y salpimentar.

3. Lavar los filetes de pescado con agua fría, secar con papel de cocina, rociar con el zumo de limón y salpimentar. Mezclar el eneldo y el perejil con una pizca de sal y las almendras y colocar sobre un plato llano. Batir la clara de huevo. Pasar el pescado por la clara de huevo y luego rebozarlo en la mezcla de almendras.

4. Calentar 1 cucharadita de aceite, a fuego medio, en una sartén refractaria, asar los filetes de pescado 2 o 3 minutos por cada lado. Colocarlos en dos platos precalentados sobre la mezcla de manzana, cebolla y achicoria. Servir.

CONSEJO

Como acompañamiento se puede utilizar una *baguette* integral o un puré de patata; la cantidad depende de las necesidades de UC (véase la tabla de la página 13).

VARIANTE

Como guarnición de verdura se puede reemplazar la achicoria por corazones de lechuga romana, que se pueden pasar por la sartén y resultan muy sabrosos. Lavar la lechuga, sacudirla bien para que se seque y cortar por la mitad en sentido longitudinal. Después, seguir los mismos pasos que se han descrito con la achicoria: rehogar un poco, asustar con el zumo y aderezar con sal y una pizca de pimienta de Cayena.

Valor nutricional por ración:
525 kcal • **39 g** proteínas • **28 g** grasas • **29 g** hidratos de carbono • **5 g** fibra • aprox. **2½** UC/UP

Platos principales de pescado

Caldereta de pescado con tomate

PARA 2 PERSONAS

1 cebolla grande
2 dientes de ajo
2 calabacines
2 cucharaditas de aceite de oliva
400 g de tomate para pizzas (de lata)
200 ml de fondo de pescado (de bote; se puede sustituir por caldo de verduras)
1 hoja de laurel
1 cucharadita de hojas de tomillo
Pimentón
1 tira delgada de cáscara de limón ecológico
Sal y pimienta
400 g de abadejo
1 cucharadita de eneldo congelado picado (a discreción)

PREPARACIÓN: 30 minutos

1. Lavar la cebolla, partirla en cuatro trozos y luego en tiras. Pelar los ajos y cortarlos en dados pequeños. Lavar los calabacines y cortarlos en bastones de unos 3 cm de largo y medio de ancho. Calentar el aceite, a fuego medio, en una cacerola, rehogar la cebolla y el ajo hasta que adquieran un aspecto cristalizado. Incorporar el calabacín y rehogar 1 o 2 minutos más.

2. Agregar el tomate y el fondo de pescado. Mezclar el laurel, el tomillo, una pizca de pimentón y la cáscara de limón y dejar cocer durante 8 minutos a fuego lento. Salpimentar.

3. Sacar el laurel y el limón y aderezar de nuevo con sal y pimienta, así como con tomillo y pimentón. Si se desea, esparcir eneldo por encima y servir.

CONSEJO

Se puede acompañar de pasta o arroz integral; la cantidad depende de las necesidades de UC (véase la tabla de la página 13).

Valor nutricional por ración:

260 kcal • **33 g** proteínas • **7 g** grasas • **12 g** hidratos de carbono • **4 g** fibra • aprox. **1** UC/UP

Cabracho sobre puré de zanahorias y patatas

PARA 2 PERSONAS

500 g de zanahorias
560 g de patatas harinosas para cocer
1 cebolla
4 cucharaditas de aceite vegetal
⅛ l de caldo de verduras
2 filetes de cabracho, de 200 g cada uno
1 cucharadita de zumo de limón
Sal y pimienta
2 cucharadas de harina
Nuez moscada recién rallada
½ cucharadita de cáscara de limón ecológico rallada fina
½ ramillete de perejil liso

PREPARACIÓN: 30 minutos

1. Pelar las zanahorias y las patatas y cortarlas en trozos grandes. Pelar la cebolla y hacerla dados pequeños. Calentar 2 cucharadas de aceite, a fuego medio, en una cacerola, rehogar la cebolla hasta que adquiera un aspecto transparente. Añadir las zanahorias, las patatas y el caldo y dejar cocer todo, tapado y a fuego medio, durante unos 15 minutos.

2. Mientras tanto lavar el pescado con agua fría, secar con papel de cocina, rociar con el zumo de limón y salpimentar. Calentar el aceite restante, a fuego medio, en una sartén. Pasar los filetes de pescado por la harina, sacudir el exceso y freír por ambos lados en el aceite caliente durante unos 3 minutos, hasta que adquieran un tono dorado.

3. Preparar un puré con las zanahorias y las patatas, aderezar con sal, pimienta, una pizca de nuez moscada y limón. Lavar el perejil, picar las hojitas, mezclar con el puré, repartirlo en dos platos precalentados, colocar encima el pescado y servir.

Valor nutricional por ración:

545 kcal • **44 g** proteínas • **11 g** grasas • **51 g** hidratos de carbono • **13 g** fibra • aprox. **4** UC/UP

Platos principales de carne y aves

Medallones de cerdo
con costra de hierbas y queso

PARA 2 PERSONAS
Para la costra de hierbas
20 g de queso fresco, bajo en grasas
10 g de mantequilla
½ cucharada de pan rallado
½ cucharada de parmesano recién rallado
1 cucharada colmada de hierbas frescas picadas (perejil, tomillo, romero, albahaca), o bien hierbas de jardín congeladas
1 pizca de cáscara de limón ecológico rallada fina
½ yema de huevo
Sal y pimienta
Para la verdura
Sal
125 g de tirabeques
200 g de espárragos de grosor medio
50 g de queso fresco bajo en grasa
Pimienta
Nuez moscada recién rallada
Para los medallones
4 medallones de cerdo, de 60 g cada uno
Sal y pimienta
2 cucharaditas de aceite de oliva
PREPARACIÓN: 20 minutos
HORNEADO: 12 minutos

1. Para preparar la costra de hierbas mezclar con un tenedor el queso fresco con la mantequilla, el pan rallado, el parmesano, las hierbas, la cáscara de limón y la yema de huevo. Aderezar la masa con sal y pimienta y preparar cuatro bolas con ella; reservar en un lugar fresco.

2. Precalentar el horno a 250ºC (en horno de aire, 230ºC). Llevar a ebullición 1/2 litro de agua con 1/2 cucharadita de sal. Lavar los guisantes. Pelar los espárragos y, según su tamaño, partir en sentido transversal por la mitad o en cuatro trozos.

3. Escaldar los guisantes y los espárragos durante 2 o 3 minutos en agua hirviendo, después sacarlos con una espumadera y dejar escurrir. Mezclar 100 ml del agua caliente de las verduras con el queso y remover bien, aderezar con sal, pimienta y una pizca de nuez moscada. Incorporar la verdura a la salsa y calentar.

4. Salpimentar la carne por todos los lados. Calentar el aceite de oliva, a fuego fuerte, en una sartén refractaria y dorar la carne 1 o 2 minutos por cada lado hasta que adquiera un tono marrón claro, después colocar en un molde de horno.

5. Colocar sobre cada medallón una de las bolas de hierbas, aplastarla y hornear (bandeja central) de 10 a 12 minutos. Servir después con la verdura.

CONSEJO

Para este plato son muy adecuadas unas patatas cocidas con piel; la cantidad depende de las necesidades de UC (véase la tabla de la página 13).

VARIANTE

También resulta muy sabrosa la pechuga de pollo preparada del mismo modo. Para ello en total necesitaremos 140 g de pechuga de pollo, dos trozos pequeños o un filete grande. Los trozos pequeños se partirán por la mitad, y el filete grande se cortará en cuatro partes. Presionar un poco para alisarlos, aderezar con sal y pimienta y dorar en sartén 1 minuto por cada lado hasta que adquiera un tono marrón claro. Colocar sobre cada trozo una bola de hierbas —como se ha descrito en la receta—, hornear y servir acompañado de verdura.

Valor nutricional por ración:

375 kcal • **36 g** proteínas • **20 g** grasas • **12 g** hidratos de carbono • **4 g** fibra • aprox. **1** UC/UP

Platos principales de carne y aves

Cerdo ahumado con pimiento y chucrut

PARA 2 PERSONAS
2 pimientos rojos
2 cebollas
4 cucharaditas de aceite vegetal
400 g de chucrut
6 bayas de enebro
1 hoja de laurel
100 ml de zumo de manzana
300 g de cerdo ahumado magro
Sal y pimienta
PREPARACIÓN: 30 minutos

1. Cortar los pimientos en cuatro trozos, lavarlos y después hacerlos tiras. Pelar la cebolla y trocearla en dados.

2. Calentar el aceite, a fuego medio, en una cacerola. Rehogar la cebolla y el pimiento. Luego añadir el chucrut, el enebro, el laurel y el zumo de manzana. Cocer todo, tapado, a fuego lento durante 5 minutos.

3. Cortar el cerdo ahumado en trozos de 3 cm. Añadir luego a la verdura. Dejar cocinar tapado durante otros 10 minutos más. Salpimentar y servir.

CONSEJO

Para este plato son muy adecuadas unas patatas cocidas con piel; la cantidad depende de las necesidades de UC (véase la tabla de la página 13).

Valor nutricional por ración:
440 kcal • 36 g proteínas • 22 g grasas • 20 g hidratos de carbono • 6 g fibra • aprox. 1 ½ UC/UP

Steak de lomo de cerdo con costra de sésamo

PARA 2 PERSONAS
1 cucharada de pasas
1 chalota
1 manojo de acelgas, de 400 g
2 tomates grandes
2 cucharaditas de aceite de oliva
Sal y pimienta
1 cucharadita de zumo de limón
2 *steaks* de lomo de cerdo, de 80 g cada uno
1 clara de huevo
3 cucharadas de semillas de sésamo
1 cucharada de aceite vegetal
PREPARACIÓN: 25 minutos

1. Introducir las pasas en agua caliente para que se hinchen. Pelar la chalota y cortar en dados pequeños. Separar las hojas de las pencas de las acelgas y quitar las partes más deterioradas. Lavar las acelgas, picar las hojas, pelar las pencas si se estima necesario y luego hacerlas trozos de un tamaño de 2 cm. Cortar las hojas en sentido longitudinal y luego en tiras. Lavar los tomates, partir por la mitad, retirar la inserción del tallo y cortarlos en dados pequeños.

2. Calentar el aceite, a fuego medio, en una sartén grande. Rehogar allí la chalota hasta que adquiera un aspecto cristalizado. Mezclar con las pencas y rehogar tapado durante 5 minutos. Añadir después las hojas de acelga y el tomate. Escurrir las pasas y añadirlas a la verdura, seguir cocinándolo todo, tapado, de 5 a 7 minutos. Aderezar con sal, pimienta y zumo de limón.

3. Secar bien los *steaks* con papel de cocina y salpimentar por ambos lados. Batir la yema de huevo en un plato hondo. Echar el sésamo en un plato llano. Pasar la carne por la yema de huevo y luego por el sésamo. Presionar un poco el rebozado. Calentar el aceite vegetal, a fuego medio, en una sartén. Dorar el filete 1 o 2 minutos por cada lado. Después repartir las acelgas en dos platos precalentados y colocar encima la carne. Servir.

CONSEJO

Para este plato es muy adecuada una *baguette* de pan integral; la cantidad depende de las necesidades de UC (véase la tabla de la página 13).

Valor nutricional por ración:
395 kcal • 25 g proteínas • 29 g grasas • 9 g hidratos de carbono • 6 g fibra • aprox. 1 UC/UP

Platos principales de carne y aves

Guiso multicolor de verduras y salchichas

PARA 2 PERSONAS

1 cebolla grande
250 g de zanahorias
1 colinabo pequeño
125 g de judías verdes
200 g de patatas
2 cucharaditas de aceite de oliva
1 hoja de laurel
1 rama pequeña de romero
¾ l de caldo de verduras
2 salchichas de Fránkfurt de pollo, de 60 g cada una
Sal y pimienta
½ ramillete de perejil liso

PREPARACIÓN: 30 minutos

1. Pelar la cebolla, partirla en cuatro trozos y luego en tiras. Pelar las zanahorias, partirlas por la mitad a lo largo y luego en trozos de 1 cm de ancho. Pelar el colinabo, partirlo en cuatro trozos, primero en rodajas de 1 cm de grosor y después en bastoncillos.

2. Lavar las judías, retirar las hebras y cortar en trozos de 3 cm de largo. Pelar las patatas y hacerlas dados.

3. Calentar el aceite, a fuego medio, en una cacerola y rehogar la cebolla hasta que adquiera un aspecto cristalizado. Añadir las zanahorias, el colinabo, las judías y las patatas y rehogar de 2 a 3 minutos sin dejar de remover. Añadir el laurel, el romero y el caldo, tapar y dejar hervir a fuego lento durante 10 minutos.

4. Cortar las salchichas en sentido transversal en trozos de unos 2 cm, añadir a la verdura y calentar a fuego medio durante 5 minutos. Salpimentar el plato. Lavar el perejil, picar las hojitas y agregar a la cacerola.

CONSEJO

Para este plato es muy adecuado el pan integral; la cantidad depende de las necesidades de UC (véase la tabla de la página 13).

Valor nutricional por ración:

220 kcal • 8 g proteínas • 10 g grasas • 23 g hidratos de carbono • 8 g fibra • aprox. 2 UC/UP

Ragú de pavo con apio y patatas

PARA 2 PERSONAS

250 g de filetes de pavo
2 chalotas
300 g de patatas para cocer
8 ramas de apio con su parte verde
2 cucharaditas de aceite vegetal
¼ l de caldo de verduras
1 cucharadita de cáscara de limón ecológico rallada fina
2 cucharadas de zumo de limón
Sal y pimienta

PREPARACIÓN: 30 minutos

1. Lavar la carne con agua fría, secarla con papel de cocina y luego hacerla dados de 3 cm de tamaño. Pelar las chalotas y cortarlas en sentido longitudinal en cuatro trozos. Pelar las patatas y hacerlas dados de 3 cm de tamaño. Separar el apio por ramas y reservar la parte verde. Lavar los tallos y cortarlos después en trozos de 2 centímetros.

2. Calentar el aceite, a fuego medio, en una cacerola y freír allí la carne. Añadir las patatas, el apio, las chalotas y el caldo, dejar cocer tapado a fuego medio durante unos 15 minutos.

3. Mezclar la cáscara y el zumo de limón. Lavar la parte verde del apio, cortar en trozos grandes y añadir a la cazuela. Dejar que todo hierva durante un instante, aderezar con sal y pimienta y servir.

CONSEJO

Para este plato es muy adecuado el arroz integral; la cantidad depende de las necesidades de UC (véase la tabla de la página 13).

Valor nutricional por ración:

300 kcal • 35 g proteínas • 7 g grasas • 24 g hidratos de carbono • 7 g fibra • aprox. 2 UC/UP

Platos principales de carne y aves

Albóndigas de carne y arroz con champiñones

PARA 2 PERSONAS
50 g de arroz *basmati*
2 chalotas
½ ramillete de perejil liso
1 huevo (tamaño S)
Sal y pimienta
Pimentón molido
250 g de carne picada de vaca
1 cucharada de harina
½ l de caldo de verduras
500 g de champiñones
2 cucharaditas de aceite vegetal
50 g de queso fresco de hierbas, bajo en grasas

PREPARACIÓN: 30 minutos

1. Poner en remojo el arroz en agua caliente durante unos 10 minutos. Pelar las chalotas y cortar en dados pequeños. Lavar el perejil y picar las hojitas.

2. Mezclar bien con la carne picada la mitad de los dados de chalotas, el perejil, el huevo, 1 cucharadita de sal, 1 pizca de pimienta y otra de pimentón. Incorporar también el arroz escurrido. Sacar de la masa porciones de media cucharada y preparar bolas pequeñas, que luego se enharinarán.

3. Llevar a ebullición en una cazuela el caldo con el resto de las chalotas, introducir las albóndigas y cocer a fuego bajo durante unos 10 minutos.

4. Mientras tanto lavar los champiñones y partirlos por la mitad. Calentar el aceite, a fuego fuerte, en una cacerola y rehogar allí los champiñones durante 3 minutos. Asustar con 50 ml del caldo de las albóndigas e incorporar el queso fresco y el resto del perejil. Salpimentar la salsa. Sacar del caldo las albóndigas con la ayuda de una espumadera, mezclarlas con las setas y servir. A este plato le acompaña muy bien una *baguette* de pan integral; la cantidad depende de las necesidades de UC (véase la tabla de la página 13).

Valor nutricional por ración:

550 kcal • 44 g proteínas • 29 g grasas • 26 g hidratos de carbono • 5 g fibra • aprox. 2 UC/UP

Sartenada *gyros* sobre puré de patatas y espinacas

PARA 2 PERSONAS
560 g de patatas para cocer
300 g de espinacas congeladas
150 g de filetes de pavo
1 cebolla pequeña
1 diente de ajo
½ cucharadita de orégano seco y ½ de romero molido
Sal y pimienta de cayena, cilantro y cominos molidos
2 cdta. de aceite de oliva
1 cdta. de concentrado de tomate
100 ml de leche, 1,5 % de grasa

PREPARACIÓN: 30 minutos

1. Pelar las patatas, partirlas en cuatro trozos y cocer en abundante agua salada durante unos 15 minutos. Sumergir las espinacas en una cazuela y hervir según las instrucciones del paquete.

2. Lavar la carne con agua fría, secar con papel de cocina, cortar en sentido longitudinal y luego en tiras delgadas. Pelar la cebolla y el ajo, cortarlos en ocho partes, y, utilizando una prensa de ajo, introducir dentro de la carne. Mezclar el orégano, el tomillo, una pizca de pimienta de Cayena, los cominos, el cilantro, la pimienta, media cucharadita de sal, el aceite, el concentrado de tomate y 1 cucharada de agua y marinar con ello la carne.

3. Escurrir las patatas y reservar el agua. Echar la leche y las patatas en una cacerola, calentar un poco, machacar las patatas y añadir luego las espinacas. Añadir la cantidad suficiente del agua de la cocción de las patatas hasta conseguir un puré homogéneo. Aderezar con sal y pimienta y mantener caliente.

4. Calentar a fuego fuerte una sartén refractaria y dorar la carne sin dejar de remover hasta que adquiera un tono tostado. Luego servirla sobre el puré.

CONSEJO

Esta receta también se puede preparar con carne de cordero, ternera, pollo y pato. Queda muy sabrosa si se deja en el marinado durante varias horas.

Valor nutricional por ración:

385 kcal • 41 g proteínas • 8 g grasas • 38 g hidratos de carbono • 8 g fibra • aprox. 3 UC/UP

Platos principales de carne y aves

Filetitos a la salvia con pimientos marinados

PARA 2 PERSONAS
1 pimiento rojo, 1 verde y 1 amarillo
3 cucharaditas de aceite de oliva
Sal y pimienta
1-2 cucharadas de vinagre balsámico
6-8 hojas de albahaca
2 filetes de ternera, de 120 g cada uno
1 cucharadita de harina
2 hojas de salvia fresca
2 cucharadas de vino blanco seco o ½ cucharadita de zumo de limón + 2 cucharadas de agua
Además: 2 palillos
PREPARACIÓN: 30 minutos

1. Partir los pimientos en cuatro trozos, lavarlos y luego cortarlos en tiras. Calentar 2 cucharaditas de aceite, a fuego medio, en una sartén y rehogar los pimientos durante 5 minutos sin dejar de remover. Aderezar con sal y pimienta y, tapado, dejar rehogar durante 2 minutos más.

2. Echar los pimientos en una fuente, añadir el vinagre y las hojas de albahaca limpias. Salpimentar la carne por ambos lados y espolvorear con un poco de harina. Usar un palillo para sujetar a cada filete una hoja de salvia.

3. Calentar 1 cucharadita de aceite, a fuego medio, en la sartén y dorar los filetes 2 minutos por cada lado; después mantener calientes. Echar el vino en la sartén y dejar hervir. Rociar la carne con este jugo y acompañar con los pimientos marinados.

CONSEJO

Este plato también se puede preparar con carne de cerdo. Como acompañamiento de hidratos de carbono va muy bien una *baguette* de pan integral, la cantidad depende de las necesidades de UC (ver la tabla de la página 13).

Valor nutricional por ración:

250 kcal • 28 g proteínas • 10 g grasas • 11 g hidratos de carbono • 8 g fibra • aprox. 1 UC/UP

Escalope con guarnición picante de albaricoques

PARA 2 PERSONAS
2 escalopes de pavo, de 125 g cada uno
Sal y pimienta
1 cucharadita de mostaza de Dijon
125 g de rúcula
4 cucharaditas de aceite vegetal
1 cucharada de vinagre blanco
200 g de albaricoques
1 tira delgada de cáscara de naranja ecológica
1 trozo pequeño de canela en rama
Pimienta de cayena
3 cucharadas de vino blanco seco o
3 cucharadas de zumo de naranja
1 cucharadita de zumo concentrado de manzana
5-6 hojitas de melisa
PREPARACIÓN: 30 minutos

1. Lavar la carne con agua fría, secar con papel de cocina y frotar por ambos lados con sal, pimienta y mostaza de Dijon.

2. Lavar la rúcula. Mezclar 2 cucharaditas de aceite y el vinagre balsámico y salpimentar. Mezclar la vinagreta con la rúcula.

3 Lavar los albaricoques, retirar los huesos, cortar en cuatro trozos y llevarlos a ebullición en una cacerola junto a la cáscara de naranja, la canela, una pizca de pimienta de Cayena, el vino y el concentrado de manzana. Dejar que cueza a fuego lento durante 5 minutos; remover de vez en cuando.

4. Calentar 2 cucharaditas de aceite, a fuego medio, en una sartén y dorar los filetes durante 3 minutos por cada lado.

5. Lavar la melisa, cortar en tiras delgadas y mezclar con los albaricoques. Colocar la carne, los albaricoques y la ensalada en un plato y servir.

CONSEJO

Como acompañamiento de hidratos de carbono va muy bien un arroz integral; la cantidad depende de las necesidades de UC (véase la tabla de la página 13).

Valor nutricional por ración:

300 kcal • 33 g proteínas • 12 g grasas • 14 g hidratos de carbono • 2 g fibra • aprox. 1 UC/UP

Platos principales de carne y aves

Filetes de cerdo
sobre judías verdes y tomates

PARA 2 PERSONAS
2 filetes de cerdo magros, de 125 g cada uno
3 cucharaditas de aceite de oliva
Sal y pimienta
1 cucharadita de tomillo seco
3 cebolletas
1 diente de ajo pequeño
300 g de tomates *cherry*
300 g de judías verdes congeladas
1 rama de ajedrea
PREPARACIÓN: 30 minutos

1. Secar el filete con papel de cocina. Mezclar 1 cucharadita de aceite con media cucharadita de sal, una pizca de pimienta y el tomillo, y frotar con todo ello la carne.

2. Lavar las cebolletas y cortarlas en anillos delgados. Pelar el ajo. Lavar los tomates y partirlos por la mitad. Llevar a ebullición 1 litro de agua con 1 cucharada de sal y cocer las judías durante 10 minutos, después colarlas, asustar con agua fría y dejar escurrir.

3. Calentar 2 cucharaditas de aceite, a fuego medio, en una sartén profunda, rehogar las cebolletas y el ajo hasta que adquieran un aspecto cristalizado. Colocar después los tomates en la sartén, con la parte del corte hacia abajo, y asar de 1 a 2 minutos. Mezclar con las judías y rehogar todo durante un instante. Aderezar la verdura con sal y pimienta. Retirar las hojitas de la ajedrea y añadirlas. Mantener caliente la verdura.

4. Calentar a fuego fuerte una sartén de tipo plancha y asar allí los filetes de 2 a 3 minutos por cada lado. Colocar la verdura sobre dos platos precalentados, y poner encima la carne; servir.

CONSEJO

Para este plato es muy adecuado el arroz integral; la cantidad depende de las necesidades de UC (ver la tabla de la página 13).

VARIANTE

Esta carne también se puede partir por la mitad, luego en tiras delgadas y colocarlas en un marinado hecho con 1 cucharadita de aceite de oliva, 1 cucharada de zumo de limón, sal, pimienta y 1 cucharadita de hierbas provenzales y mantener allí durante un instante. Entretanto preparar las cebolletas, el ajo, el tomate y las judías tal como se describe en la receta. Calentar 2 cucharaditas de aceite de oliva, a fuego medio, en una sartén profunda, rehogar allí la cebolla y los ajos hasta que adquieran un aspecto transparente. Añadir la carne marinada y rehogar durante 3 minutos más. Luego colocar los tomates con la parte de corte hacia abajo y dejar asar de 1 a 2 minutos. Añadir las judías y rehogar durante un instante. Aderezar esta sartenada de carne y verduras con sal y pimienta.

Valor nutricional por ración:
350 kcal • **40 g** proteínas • **12 g** grasas • **22 g** hidratos de carbono • **2 g** fibra • aprox. **2** UC/UP

Platos principales de carne y aves

Brochetas de pollo con puerros

PARA 2 PERSONAS
250 g de pechuga de pollo
50 ml de zumo de naranja
5 cucharaditas de aceite vegetal
Sal y pimienta
4 cebolletas
1 manzana ácida
2 hojas de laurel
1 puerro
1 cucharadita de cáscara de naranja ecológica rallada fina
1 cucharada de nueces muy picadas
2 pinchos de madera para brochetas
PREPARACIÓN: 30 minutos

1. Lavar con agua fría la pechuga de pollo, secar con papel de cocina y cortar en dados de un tamaño de 2 cm. Mezclar 1 cucharada de zumo de naranja con 1 cucharadita de aceite, sal y pimienta y marinar allí la carne.

2. Lavar las cebolletas y cortarlas en trozos de unos 3 cm. Pelar la manzana, partirla en cuatro trozos, retirar el corazón y las pepitas y luego hacerlos rodajas de 1 cm de grosor. Partir las hojas de laurel por la mitad.

3. Engrasar un poco las brochetas y pinchar en ellas, alternados, un trozo de carne, otro de cebolleta, otro de manzana y al final una hoja de laurel.

4. Lavar el puerro y cortarlo en anillas. Calentar 2 cucharaditas de aceite, a fuego medio, en una cacerola. Rehogar el puerro unos 2 o 3 minutos, asustar con 50 ml de zumo de naranja y aderezar con sal y pimienta. Añadir después la ralladura de cáscara de naranja. Seguir rehogando la verdura a fuego medio durante 5 minutos más.

5. Mientras tanto echar en una sartén 1 cucharadita de aceite, calentar a fuego medio y asar allí las brochetas hasta que adquieran uno tono marrón claro. Repartir el puerro en dos platos, espolvorear por encima las nueces y colocar encima las brochetas.

CONSEJO
A este plato lo acompaña muy bien el arroz integral; la cantidad depende de las necesidades de UC (véase la tabla de la página 13).

Valor nutricional por ración:
345 kcal • 32 g proteínas • 18 g grasas • 14 g hidratos de carbono • 5 g fibra • aprox. 1 UC/UP

Pavo con calabacines en salsa de limón

PARA 2 PERSONAS
250 g de filetes de pavo
1 cebolla grande
1 diente de ajo
3 calabacines de tamaño mediano
2 cucharaditas de aceite de oliva
Sal y pimienta
½ cucharadita de cáscara de limón ecológico rallada fina
1 cucharada de queso fresco, bajo en grasa
1 cucharada de zumo de limón
8-10 hojas de albahaca
PREPARACIÓN: 30 minutos

1. Lavar la carne con agua fría y secar con papel de cocina; cortarla en tiras de 1 cm de ancho y unos 4 cm de largo. Pelar la cebolla, partirla en cuatro trozos y luego hacerla tiras delgadas. Pelar y picar el ajo. Lavar los calabacines, retirar la inserción del tallo y de las hojas y cortar en rodajas delgadas.

2. Calentar aceite de oliva, a fuego medio, en una sartén. Incorporar la carne con la cebolla y el ajo y rehogar de 2 a 3 minutos; aderezar con sal y pimienta. Añadir después el calabacín y la cáscara de limón. Cocinar todo otros 2 o 3 minutos más.

3. Incorporar el queso y el zumo de limón, calentar y salpimentar de forma abundante. Por último lavar las hojas de albahaca, cortarlas en trozos grandes y añadirlas.

CONSEJO
Para este plato es muy adecuado el arroz; la cantidad depende de las necesidades de UC (véase la tabla de la página 13).

Valor nutricional por ración:
235 kcal • 35 g proteínas • 8 g grasas • 7 g hidratos de carbono • 3 g fibra • aprox. ½ UC/UP

Platos principales de carne y aves

Pechuga de pollo
sobre verduras provenzales

PARA 2 PERSONAS

2 cebollas
2 dientes de ajo
1 berenjena, 1 calabacín, 1 pimiento rojo y 1 verde
1 guindilla picante
300 g de pechuga de pollo
4 cucharaditas de aceite de oliva
1 rama de romero
2 ramas de tomillo
Sal y pimienta
2 tomates grandes

PREPARACIÓN: 30 minutos

1. Pelar las cebollas y los ajos. Cortar la cebolla en dados grandes y los ajos en láminas delgadas. Lavar la berenjena y el calabacín y cortarlos en dados de 2 cm de tamaño.

2. Partir por la mitad los pimientos, lavarlos y cortarlos en cuadrados de 2 cm de tamaño. Partir la guindilla por la mitad en sentido longitudinal, retirar el tallo y las pepitas, lavarla y luego hacerla tiras delgadas.

3. Lavar con agua fría la pechuga de pollo, secar con papel de cocina y cortarla en tiras delgadas. Calentar aceite de oliva, a fuego medio, en una sartén y rehogar allí la carne durante unos 3 minutos sin dejar de remover, después sacarla de la sartén y mantenerla caliente.

4. Echar la verdura en la sartén, rehogar durante 2 minutos y remover de vez en cuando. Lavar las hierbas, retirar las hojitas y mezclarlas. Aderezar la verdura con sal y pimienta y, tapado, dejarlo cocinar a fuego medio durante unos 3 minutos.

5. Entretanto lavar los tomates, partirlos por la mitad, retirar la inserción del tallo y cortarlos en dados; añadirlos después a la verdura de la sartén. Distribuir por encima los trozos de pollo, tapar y dejar cocinar durante 3 minutos más a fuego lento, salpimentar.

CONSEJO

Para este plato es muy adecuada una *baguette* integral, la cantidad depende de las necesidades de UC (véase la tabla de la página 13).

Valor nutricional por ración:

415 kcal • **40 g** proteínas • **21 g** grasas • **16 g** hidratos de carbono • **14 g** fibra • aprox. **1½** UC/UP

Platos principales de carne y aves

Muslos de pollo
sobre champiñones

PARA 2 PERSONAS
2 muslos de pollo, de 250 g cada uno
Sal
1 cucharadita de pimienta en grano
1 clavo
1 hoja de laurel
1 manojo de cebolletas
500 g de champiñones
1 cucharada de aceite de oliva
Pimienta
4 cucharadas de vinagre balsámico
4 cucharadas de nata agria
1 puñado de hojas de albahaca
PREPARACIÓN: 30 minutos

1. Lavar el pollo con agua fría y secar con papel de cocina. Retirar toda la grasa y la piel. Poner 3 dedos de agua en una sartén y añadir 1 cucharadita de sal, la pimienta, el clavo y el laurel, llevar a ebullición. Introducir allí el pollo y dejar cocinar tapado, a fuego medio, durante 20 minutos; dar la vuelta pasados 10 minutos.

2. Entretanto lavar las cebolletas y cortarlas en rodajas sesgadas. Lavar los champiñones y cortarlos en láminas delgadas.

3. Calentar el aceite, a fuego medio, en una sartén, rehogar allí las cebolletas durante unos 2 minutos sin dejar de remover. Añadir los champiñones y seguir rehogando otros 2 minutos más. Aderezar la verdura con sal y pimienta. Añadir el vinagre y la nata.

4. Sacar los muslos del caldo (que se puede aprovechar para una salsa o una sopa; por ejemplo, para la receta de pavo de la página 98) y colocar entre la verdura. Dejar cocinar, tapado y a fuego lento, durante 5 minutos y luego esparcir por encima la albahaca ya lavada. Servir.

CONSEJO

Para este plato resultan muy adecuados un arroz o una *baguette*, ambos integrales, la cantidad depende de las necesidades de UC (véase la tabla de la página 13).

VARIANTE

Los tiempos de preparación se pueden reducir aún más si en lugar de muslo se utilizan pechugas. Para ello, se necesitan por ración 120 g de pechugas cortadas en tiras o en dados. Lavar las cebolletas y trocearlas. Lavar la champiñones y hacerlos láminas. Calentar el aceite, a fuego medio, en una sartén y rehogar allí la carne hasta que adquiera un tono marrón claro. Añadir las cebolletas y rehogarlas hasta que tengan un aspecto cristalizado. Incorporar después los champiñones y cocinar durante 2 minutos más. Salpimentar. Agregar el vinagre y la nata. Por último, esparcir las hojitas de albahaca.

Valor nutricional por ración:

365 kcal • **51 g** proteínas • **14 g** grasas • **9 g** hidratos de carbono • **6 g** fibra • aprox. **1** UC/UP

Platos principales de carne y aves

Carne de ternera
al *wok* con zanahorias y jengibre

PARA 2 PERSONAS
1 filete tierno de ternera, de unos 200 g
2 cucharadas de salsa de soja + algo más para aderezar
Pimienta de Cayena
400 g de zanahorias tiernas
1 puerro delgado
2 dientes de ajo
1 trozo de jengibre, de unos 20 g
1 rama de hierba luisa
2 cebolletas
2 cucharaditas de aceite vegetal
1 cucharada de vinagre de arroz
Sal y pimienta
PREPARACIÓN: 30 minutos

CONSEJO

Para este plato son muy adecuados el arroz de grano entero o los fideos (véase la tabla de la página 13).

1. Secar la carne con papel de cocina y cortarla en tiras delgadas. Mezclar 2 cucharadas de salsa de soja y una pizca de pimienta de Cayena y marinar allí la carne.

2. Lavar las zanahorias, pelarlas y cortarlas en rodajas delgadas. Lavar el puerro y cortarlo en anillos transversales. Pelar el ajo y partirlo por la mitad. Pelar el jengibre y hacerlo dados pequeños. Lavar la hierba Luisa y cortarla en trozos grandes. Lavar la cebolleta y cortarla en rodajas muy delgadas.

3. Calentar aceite, a fuego fuerte, en un *wok*. Dejar que la carne escurra bien pero reservar toda la salsa de soja que sobre. Dorar la carne durante 3 minutos sin dejar de removerla, luego sacarla del *wok* y mantener caliente. Echar al *wok* las zanahorias, el puerro, el ajo, el jengibre y la hierba luisa y rehogar durante 5 minutos. Añadir después el vinagre y la salsa de soja que se ha reservado antes.

4. Aderezar la verdura con sal, pimienta de los dos tipos y salsa de soja. Añadir la carne a la verdura junto al jugo resultante de haberla cocinado, calentar durante 5 minutos y servir. Ya en la mesa, esparcir la cebolleta por encima.

VARIANTE

Este plato de *wok* resulta igual de sabroso si se prepara con otras verduras, por ejemplo, col picuda y pimiento rojo y amarillo. Para ello la carne se corta en tiras y se marina en salsa de soja y pimienta de Cayena. Hacer tiras, de 1 cm de ancho, de 500 g de hojas de una col tierna, lavarla y dejarla escurrir. Partir por la mitad 1 pimiento amarillo y 1 rojo y cortarlos en tiras delgadas. Agregar el ajo, el jengibre y la hierba luisa. Calentar el aceite, a fuego fuerte, en un *wok* y rehogar la carne escurrida durante 3 minutos, luego sacarla del recipiente y reservarla. Remover constantemente el resto de aceite de rehogar la col, el pimiento, el ajo, el jengibre y la hierba luisa; añadir el marinado de la carne y el vinagre de arroz, dejar cocinar, tapado y a fuego lento, de 6 a 7 minutos. Aderezar con salsa de soja y pimienta de Cayena, mezclar después la carne y el jugo que haya rezumado al cocinarla.

Valor nutricional por ración:

260 kcal • **25 g** proteínas • **12 g** grasas • **14 g** hidratos de carbono • **8 g** fibra • aprox. **1** UC/UP

Postres

Tortilla al chocolate
con fresas

PARA 2 PERSONAS

250 g de fresas
1 huevo
50 ml de leche, 1,5 por ciento de materia grasa
1 cucharada de harina
1 cucharadita de cacao en polvo (muy desgrasado)
1 pizca de cáscara de naranja ecológica rallada fina
1 cucharadita de azúcar
Sal
1 cucharadita de aceite vegetal
1 cucharadita de azúcar glasé

PREPARACIÓN: 25 minutos

1. Lavar las fresas, retirar las hojitas y cortarlas en rodajas delgadas.

2. Separar la clara y la yema del huevo. Batir en una fuente la yema agregando la leche. Añadir la harina y el cacao tamizados y mezclar con la ralladura de naranja y el azúcar; remover para que no se formen grumos.

3. Batir la clara, con una pizca de sal, a punto de nieve y agregar a la masa anterior. Calentar el aceite, a fuego medio, en una sartén refractaria y verter en ella la masa formando dos pequeñas tortillas; darles la vuelta al cabo de 2 minutos y en otros 2 minutos más ya estarán preparadas. Servir en dos fuentes.

4. Añadir a cada tortilla la mitad de las fresas y doblar la masa por la mitad. Espolvorear con el azúcar glasé.

CONSEJO

Según la época del año y el gusto de cada uno, se puede cambiar el tipo de fruta utilizada; las tortillas quedan igual de sabrosas con diversas clases de bayas, ciruelas, melocotones o albaricoques.

VARIANTE

Para variar, estas tortillas se pueden preparar con almendras. Tostar, en una sartén sin grasa, 3 cucharaditas de almendras muy picadas hasta que adquieran un tono castaño claro, colocar en un plato y dejar enfriar. Cambiar el cacao por media cucharadita de azúcar de vainilla Bourbon y agregar a la masa las dos terceras partes de las almendras tostadas. Preparar las tortillas como ya se ha descrito en la receta, cocinarlas y espolvorear el resto de las almendras y servir con el azúcar glasé por encima.

Valor nutricional por ración:

185 kcal • **7 g** proteínas • **10 g** grasas • **17 g** hidratos de carbono • **3 g** fibra • aprox. **1½** UC/UP

Postres

Cuenco de yogur frío con frambuesas heladas

PARA 2 PERSONAS

100 g de frambuesas congeladas + unas pocas más para adornar
350 g de yogur, 1,5 por ciento de materia grasa
½ cucharadita de azúcar de vainilla Bourbon
50 g de nata
2 ramitas de menta fresca (al gusto)

PREPARACIÓN: 15 minutos

1. Echar en un vaso alto de batidora las frambuesas, agregar el yogur y las dos clases de azúcar y batir con unas varillas. Montar la nata en otro vaso.

3. Repartir el yogur en dos cuencos y poner encima de cada uno una pella de nata. Adornar con frambuesas y, según el gusto, con la menta; servir de inmediato.

CONSEJO

Naturalmente, este postre también se puede preparar con arándanos, fresas o frambuesas frescas. Si se dispone de una batidora se pueden incorporar además pequeñas cantidades de nata y batirlas con muy poco esfuerzo.

Valor nutricional por ración:

325 kcal • **7 g** proteínas • **18 g** grasas • **34 g** hidratos de carbono • **0 g** fibra • aprox. **3** UC/UP

Ensalada de frutas con *quark*, chocolate y pistachos

PARA 2 PERSONAS

¼ piña, de unos 150 g
100 g de fresas
1 naranja
1 nectarina
1 pera
50 ml de zumo de naranja recién exprimido
1 **cucharada de pistachos picados**
200 g de *quark* desnatado
1 cucharadita de azúcar
1 cucharadita de zumo de limón
175 g de yogur, 1,5 % de grasa
Melisa (para decorar)

PREPARACIÓN: 20 minutos

1. Pelar la piña, retirar los «ojos» marrones que pudieran quedar y hacer trozos pequeños con la carne. Lavar las fresas, retirar las hojas y cortar cada una en cuatro partes. Pelar la naranja y al mismo tiempo quitar también la piel blanca. Eliminar la piel que separa los gajos y cortarlos en trozos pequeños. Lavar la nectarina y la pera. Quitar el hueso de la nectarina, cortar la pera en 4 trozos y eliminar el corazón con las pepitas; trocear en pequeños dados la carne de ambas frutas. Mezclar el zumo de naranja con toda la fruta.

2. Tostar un poco los pistachos en una sartén sin grasa, colocar en un plato y dejar enfriar.

3. Mezclar en una fuente el *quark*, la leche, el azúcar y el zumo de limón. Picar o moler muy fino el chocolate y agregar al *quark* junto con los pistachos.

4. Repartir la ensalada de fruta en dos cuencos, añadir el *quark* y, si se desea, adornar con la melisa.

Valor nutricional por ración:

305 kcal • **18 g** proteínas • **6 g** grasas • **45 g** hidratos de carbono • **6 g** fibra • aprox. **4** UC/UP

Postres

Creps a la canela con arándanos

PARA 2 PERSONAS
2 huevos (tamaño L)
100 g de harina de trigo (tipo 1050)
1 pizca de levadura en polvo
½ cucharadita de canela en polvo
Sal
150 ml de leche
1 cucharada de azúcar
1 cucharada de almendras molidas
125 g de arándanos frescos
2 cucharadas de aceite vegetal
Algunas hojitas de melisa
1 cucharadita de azúcar glasé
PREPARACIÓN: 30 minutos

1. Echar el huevo en una fuente y batir con unas varillas. Mezclar la harina con la levadura, la canela y una pizca de sal. Agregar al huevo, de forma alternada, la leche, la mezcla de harina y el azúcar. Incorporar después la almendra. Dejar reposar brevemente esta masa.

2. Mientras tanto lavar los arándanos y secarlos muy bien. Reservar algunos para adornar y añadir los restantes a la masa.

3. Calentar el aceite a fuego medio en una sartén refractaria, usar 1,5 cucharadas de pasta para preparar cada crep y cocinarlas en el aceite.

4. Repartir las creps en dos fuentes y adornarlas con algunos arándanos. Lavar la melisa y sacudirla para que se seque. Espolvorear el azúcar glasé sobre las creps y decorar con la melisa.

Valor nutricional por ración:
450 kcal • 13 g proteínas • 20 g grasas • 50 g hidratos de carbono • 6 g fibra • aprox. 4 UC/UP

Arroz al azafrán con peras

PARA 2 PERSONAS
200 ml de leche, 1,5 por ciento de grasa
3-4 hebras de azafrán
1 tira delgada de cáscara de limón ecológico
Sal
75 g de arroz con leche
4 medias nueces
½ cucharadita de azúcar glasé
2 peras
1 cucharadita de azúcar
PREPARACIÓN: 30 minutos

1. Cocer la leche con el azafrán, la cáscara de limón y una pizca de sal. Mezclar con el arroz con leche y cocer de nuevo a fuego bajo durante 15 a 20 minutos. No dejar de remover para que no se pegue el arroz.

2. Mientras tanto calentar a fuego medio una sartén refractaria. Picar las nueces en trozos grandes y tostarlas un poco en la sartén sin grasa, agregar por encima el azúcar glasé y cocinar hasta que se caramelicen ligeramente. Reservar las nueces.

3. Pelar las peras, hacer cuatro trozos con cada una, eliminar el tallo y el corazón con las pepitas. Hacer dados con la carne. Antes de que se termine de cocinar el arroz, añadir las peras y el azúcar, agregar 1 o 2 cucharadas de agua y dejar que el arroz se hinche.

4. Quitar la cáscara de limón y repartir el arroz en dos cuencos. Esparcir por encima las nueces y servir este arroz caliente o frío.

CONSEJO

En este postre la pera se pueden sustituir por 1 manzana.

Valor nutricional por ración:
235 kcal • 6 g proteínas • 7 g grasas • 35 g hidratos de carbono • 5 g fibra • aprox. 3 UC/UP

Postres

Gelatina amarilla de frutas con cuajada

PARA 2 PERSONAS
1 naranja grande
2 nectarinas o melocotones
1 mango maduro
2 cucharaditas de azúcar de vainilla Bourbon
1 cucharadita de harina de maíz
2 ramitas de menta fresca
PREPARACIÓN: 20 minutos

1. Pelar la naranja y retirar también la piel blanca. Eliminar las pieles intermedias entre los gajos; recoger todo el zumo que escurra.

2. Rociar las nectarinas con agua hirviendo, dejarlas un momento y luego asustar con agua fría, pelar, quitar los huesos y luego hacerlas trozos pequeños.

3. Pelar el mango y quitar la carne del hueso troceándola muy pequeña. Colocar la fruta en una cacerola junto con el zumo de naranja que haya escurrido.

4. Añadir a la fruta una 1 cucharadita del azúcar de vainilla y hervir todo a fuego medio durante 5 minutos.

5. Remover la harina con el zumo de naranja hasta formar una masa uniforme, añadir a la fruta, revolver de nuevo y volver a dar un hervor.

6. Revolver la cuajada con el azúcar restante hasta formar una pasta lisa y servir con la gelatina.

Valor nutricional por ración:

207 kcal • 4 g proteínas • 3 g grasas • 41 g hidratos de carbono • 5 g fibra • aprox. 3½ UC/UP

Postre de yogur en capas

PARA 2 PERSONAS
1 mango
1-2 cucharaditas de zumo de lima
300 g de yogur, 1,5 % de grasa
2 cucharadas de leche de coco
2 cucharaditas de azúcar
20 g de chocolate negro, 70 % de cacao
1 rama de menta
PREPARACIÓN: 20 minutos

1. Pelar el mango y quitar la carne del hueso haciéndola trozos de buen tamaño. Usar las varillas para batir y preparar un puré y aderezar con el zumo de lima.

2. Revolver con la batidora el yogur y la leche de coco hasta conseguir una pasta uniforme y endulzar con el azúcar.

3. Echar en dos vasos, grandes y altos, capas alternativas de yogur y puré de mango. La capa superior siempre debe ser de yogur.

4. Rallar chocolate y espolvorear sobre el yogur. Adornar con una rama de menta.

Valor nutricional por ración:

210 kcal • 6 g proteínas • 6 g grasas • 32 g hidratos de carbono • 2 g fibra • aprox. 3 UC/UP

Postres

Ñoquis de *quark*
con salsa de frutos del bosque

PARA 2 PERSONAS
200 g de mezcla de frutos del bosque congelados
5 cucharaditas de azúcar
250 g de *quark* desnatado
1 lima ecológica
50 g de nata
1 clara de huevo
1 cucharadita de menta fresca picada
PREPARACIÓN: 30 minutos

CONSEJO

Resulta muy decorativo espolvorear los platos de postre, sobre todo en los bordes, con azúcar glasé, recubrir el fondo del plato con la salsa de frutos del bosque y colocar los ñoquis en el centro. Adornar con menta picada.

1. Cocer las bayas en una cazuela pequeña, hacerlas puré y endulzar con 1 cucharadita de azúcar. En caso de que molesten las semillas de las bayas, pasar la salsa por un colador y dejarla enfriar.
2. Apretar el *quark* en un paño limpio de cocina. Lavar la lima con agua caliente y frotarla para que se seque. Rallar muy fina la cuarta parte de la cáscara y exprimir después el zumo. Agregar al *quark* la cáscara y 2 cucharaditas del zumo de la lima.
3. Batir por separado la nata y la clara a punto de nieve. Echar en la clara, poco a poco, 4 cucharaditas de azúcar y volver a batir. En primer lugar añadir al *quark* la nata y a continuación la clara batida.
4. Repartir la salsa de bayas en dos platos de postre. Usar una cuchara sopera para hacer ñoquis de la *mousse* de *quark*, colocarlos sobre la salsa y adornar con menta.

VARIANTE

Quien quiera preparar el postre algunas horas antes de servirlo, puede agregar a la masa algo de gelatina, con lo que se mantendrá firme y aguantará hasta la comida. Para ello, después del paso 2 de las instrucciones se deberán calentar 2 cucharaditas de zumo de lima y 1 cucharada de agua. Luego se pondrán en remojo, en agua fría, 2 planchas de gelatina blanca, se apretarán y se disolverán en el agua con zumo de lima. Agregar después esta mezcla al *quark* junto a la cáscara de lima y el azúcar. Batir la nata y la clara de huevo como ya se ha descrito en la receta y meter en la nevera al menos 1 hora antes de servir.

Valor nutricional por ración:
230 kcal • **20 g** proteínas • **9 g** grasas • **19 g** hidratos de carbono • **2 g** fibra • aprox. **1½** UC/UP

La pirámide de los alimentos

Las asociaciones profesionales de Alemania, Austria y Suiza (DACH) han unificado las recomendaciones relativas a los temas de la alimentación. La pirámide de los alimentos es el método idóneo para llevar a la realidad cotidiana las recomendaciones científicas.

De 1,5 a 2 litros diarios de agua

El que bebe de forma suficiente procura, entre otras cosas, que su sangre presente una buena fluidez, con lo que los productos del metabolismo, así como las sustancias perjudiciales, son dirigidos hacia los riñones para su posterior excreción y previene, de esa forma, la retención de líquidos.

5 al día

Lo mejor es tomar al día 3 o 4 raciones abundantes de verdura o *crudités* y 1 o 2 puñados (o piezas) de fruta. De esa forma se incorpora al organismo una gran variedad de vitaminas, minerales y sustancias vegetales bioactivas. Además, el alto contenido de fibra de esos productos aporta un efecto muy positivo a los procesos digestivos y metabólicos. La verdura es muy pobre en calorías pero contiene gran cantidad de nutrientes.

Las féculas de los cereales integrales y las patatas en la comida principal

Todos debemos ingerir en la comida principal, de acuerdo con nuestras necesidades personales, de 4 a 6 UC/UP correspondientes a alimentos con alto contenido de féculas (véase la tabla de la página 13). La fécula se transforma en azúcar y proporciona energía al cerebro, al sistema nervioso y a la musculatura. Además, aporta vitaminas, minerales y fibra.

3 o 4 raciones diarias de queso y productos lácteos

Se deben tomar, por ejemplo, 3 lonchas de queso y un yogur natural. Además de las valiosas proteínas animales, estos alimentos también nos suministran calcio, magnesio y vitamina B2.

La carne y el pescado con moderación, y muy poco embutido

A la semana se pueden tomar 2 o 3 veces de 100 a 150 g de carne sin grasa o de ave; 2 veces de 150 a 200 g de pescado de mar y un máximo de 3 huevos semanales. Además de las valiosas proteínas, la carne aporta bastante hierro y vitaminas del grupo B; el pescado también proporciona vitaminas del grupo B y, según su especie, suministra yodo o los saludables ácidos grasos omega-3.

Moderar las grasas y los aceites visibles

Los aceites vegetales y la margarina baja en sal nos proporcionan ácidos grasos de buena calidad así como vitaminas liposolubles. Sin embargo, aportan poca cantidad de calorías. Se deben tomar al día desde 30 hasta un máximo de 40 g de aceites y grasas visibles (es decir, que se emplean para cocinar y consumir en la mesa).

Comer y beber

Lo mejor es servirse poca cantidad de los alimentos que están en la «cúspide roja» de la pirámide, pues lo que nos aportan, sobre todo, son calorías vacías.

Índice de platos por capítulos

DESAYUNO, SNACKS Y BEBIDAS
Batido de peras con almendras 37
Bebida energética de color carmín 36
Bebida suave de fresas con yogur 37
Creps con relleno de *quark* y frambuesas 34
Creps de alforfón con manzana caramelizada 34
Huevo a la plancha escondido entre ensalada 29
Huevo en vaso con tiras de salmón 28
Huevos revueltos con tomate y albahaca 29
Pan crujiente con jamón, rábano y zanahorias 26
Pan de centeno con rúcula y jamón 27
Pan de cereales con fiambre y rúcula 33
Pan integral con fiambre y peras 32
Pan integral con queso fresco granulado al eneldo y rabanitos 26
Panecillos con *mozzarella* y pimiento 27
Quark con fruta y copos de maíz 24
Sándwich de pavo y pimiento 33
Smoothie de frambuesas y suero de leche 36
Tostas de *gouda* y tomate 32
Tramezzini con pasta de setas y fiambre 31
Tramezzini con salmón y verduras 31
Tramezzini dulces con fresas y crema de plátano 30

ENTRANTES
Berenjenas al horno 60
Crema de aguacate con tomate 46
Ensalada de col picuda y zanahorias con queso de oveja 44
Ensalada de espárragos y patatas con huevo 42
Ensalada de garbanzos 54
Ensalada de hinojo con naranja y queso fresco 42
Ensalada de judías blancas y verdes con tomates y aceitunas 50
Ensalada de maíz con *mozzarella* 40
Ensalada de pasta con col china y naranja 58
Ensalada de pasta con salchichas rabanitos y pepino 45
Ensalada de patata con atún 58
Frittata de hinojo con piñones 48
Hamburguesa oriental en pan de pita 52
Lechuga iceberg con champiñones, pepino y jamón de York 40
Lentejas rojas con albaricoques y almendras 54
Pastelillos de verdura con yogur al ajo 50
Pizza rápida al minuto con champiñones y jamón 60
Sopa de calabacín con aceite de menta 56
Sopa de calabaza con ajo de oso y aceite de pipas de calabaza 56
Sopa de patata y apio con pechuga de pavo 46
Sopa verde de guisantes con *croûtons* 38
Tomates a las hierbas con lechuga 45
Tortilla de carne picada y verduras 48

PRINCIPALES PLATOS DE VERDURAS
Acelgas con tomates, patatas y alcaparras 64
Brócoli con almendras y nueces 62
Cazuela de garbanzos con hinojo 70
Cazuela de judías blancas 70
Coliflor al curri con jengibre y cilantro 64
Curri multicolor de lentejas 76
Ensalada caliente de puerros y patatas 68
Espaguetis con salsa de setas 72
Patatas cocidas con piel con *quark* de rabanitos y berros 76
Penne con salsa de berenjena y tomate 66
Risotto con col rizada y setas 68
Tagliatelle con calabacín 72
Tortilla de patatas con yogur a las hierbas 74

PRINCIPALES PLATOS DE PESCADO
Bacalao con calabacín y zanahorias 80
Cabracho sobre puré de zanahorias y patatas 92
Caldereta de pescado con tomate 92
Emperador con vinagreta 82
Filetes de carpa al *wok* 86
Filetes de lucioperca con costra de almendra 90
Filetes de platija al horno 80
Fletán sobre lecho de verdura 88
Locha espinosa a la salsa de coco y azafrán 84
Salmón al vapor sobre lecho de espinacas 78
Sartenada de cabracho con pimientos 84
Trucha al hinojo 88

PRINCIPALES PLATOS DE CARNE
Albóndigas de carne y arroz con champiñones 100
Brochetas de pollo con puerros 106
Carne de ternera al *wok* con zanahorias y jengibre 112
Cerdo ahumado con pimiento y chucrut 96
Escalope con guarnición picante de albaricoques 102
Filetes de cerdo sobre judías verdes y tomates 104
Filetitos a la salvia con pimientos marinados 102
Guiso multicolor de verduras y salchichas 98
Medallones de cerdo con costra de hierbas y queso 94
Muslos de pollo sobre champiñones 110
Pavo con calabacines en salsa de limón 106
Pechuga de pollo sobre verduras provenzales 108
Ragú de pavo con apio y patatas 98
Sartenada *gyros* sobre puré de patatas y espinacas 100
Steak de lomo de cerdo con costra de sésamo 96

POSTRES
Arroz al azafrán con peras 118
Creps a la canela con arándanos 118
Cuenco de yogur frío con frambuesas heladas 116
Ensalada de frutas con *quark* chocolate y pistachos 116
Gelatina amarilla de frutas con cuajada 120
Ñoquis de *quark* con salsa de frutos del bosque 122
Postre de yogur en capas 120
Tortilla al chocolate con fresas 114

Índice de recetas de la A a la Z

A

Acelgas con tomates, patatas
y alcaparras 64
Albaricoques
    Escalope con guarnición picante
    de albaricoques 102
    Lentejas rojas con albaricoques
    y almendras 54
Albóndigas de carne y arroz con
champiñones 100
Arroz al azafrán con peras 118

B

Bacalao con calabacín y zanahorias 80
Batido de peras con almendras 37
Bebida energética de color carmín 36
Bebida suave de fresas con yogur 37
Berenjenas
    Berenjenas al horno 60
    Penne con salsa de berenjena
    y tomate 66
Berenjenas al horno 60
Brochetas de pollo con puerros 106
Brócoli con almendras y nueces 62

C

Cabracho sobre puré de zanahorias y
patatas 92
Calabacines
    Bacalao con calabacín y zanahorias 80
    Pavo con calabacines en salsa
    de limón 106
    Sopa de calabacín con aceite
    de menta 56
    Tagliatelle con calabacín 72
Caldereta de pescado con tomate 92
Carne de ternera al *wok* con zanahorias
y jengibre 112
Cazuela de garbanzos con hinojo 70
Cazuela de judías blancas 70
Cerdo ahumado con pimiento
y chucrut 96
Coliflor al curri con jengibre y cilantro 64
Crema de aguacate con tomates 46
Creps a la canela con arándanos 118
Creps con relleno de *quark*
y frambuesas 34

Creps de alforfón con manzana
caramelizada 34
Curri multicolor de lentejas 76

E

Emperador con vinagreta 82
Ensalada de col picuda y zanahorias
con queso de oveja 44
Ensalada de espárragos y patatas
con huevo 42
Ensalada de frutas con *quark*,
chocolate y pistachos 116
Ensalada de garbanzos 54
Ensalada de hinojo con naranja
y queso fresco 42
Ensalada de maíz con *mozzarella* 40
Ensalada de pasta con col china
y naranja 58
Ensalada de pasta con salchichas,
rabanitos y pepino 45
Escalope con guarnición picante
de albaricoques 102
Espaguetis con salsa de setas 72

F

Fiambre (jamón)
    Lechuga iceberg con champiñones,
    pepino y jamón de York 40
    Pan crujiente con jamón, rábano
    y zanahorias 26
    Pan de centeno con rúcula
    y jamón 27
    Pan integral con fiambre y peras 32
    Pizza rápida al minuto con champiñones
    y jamón 60
    Tramezzini con pasta de setas
    y fiambre 31
Filetes de carpa al *wok* 86
Filetes de cerdo sobre judías verdes
y tomates 104
Filetes de lucioperca con costra
de almendra 90
Filetes de platija al horno 80
Filetitos a la salvia con pimientos
marinados 102
Fletán sobre lecho de verdura 88
Frittata de hinojo con piñones 48

G

Gelatina amarilla de frutas con cuajada 120
Guiso multicolor de verduras y salchichas 98

H

Hamburguesa oriental en pan de pita 52
Huevos
    Ensalada de espárragos y patatas
    con huevo 42
    Huevo a la plancha escondido entre
    ensalada 29
    Huevo en vaso con tiras de salmón 28
    Huevos revueltos con tomate
    y albahaca 29

J

Judías
    Cazuela de judías blancas 70
    Ensalada de judías blancas y verdes
    con tomates y aceitunas 50
    Filetes de cerdo sobre judías verdes
    y tomates 104

L

Lechuga iceberg con champiñones, pepino
y jamón de York 40
Lentejas rojas con albaricoques
y almendras 54
Locha espinosa a la salsa de coco
y azafrán 84

M

Medallones de cerdo con costra
de hierbas y queso 94
Muslos de pollo sobre champiñones 110

N

Naranjas
    Ensalada de hinojo con naranja
    y queso fresco 42
    Ensalada de pasta con col china
    y naranja 58

P

Pan crujiente con jamón, rábano
y zanahorias 26
Pan de centeno con rúcula y jamón 27

Índice de recetas

Pan de cereales con fiambre y rúcula 33
Pan integral con queso fresco granulado al eneldo y rabanitos 26
Panecillos con *mozzarella* y pimiento 27
Pastelillos de verdura con yogur al ajo 50

Patatas
Acelgas con tomates, patatas y alcaparras 64
Cabracho sobre puré de zanahorias y patatas 92
Ensalada caliente de puerros y patatas 68
Ensalada de espárragos y patatas con huevo 42
Ensalada de patata con atún 58
Patatas cocidas con piel con *quark* de rabanitos y berros 76
Ragú de pavo con apio y patatas 98
Sartenada *gyros* sobre puré de patatas y espinacas 100
Sopa de patata y apio con pechuga de pavo 46
Tortilla de patatas con yogur a las hierbas 74

Patatas cocidas con piel con *quark* de rabanitos y berros 76
Pavo con calabacines en salsa de limón 106
Pechuga de pollo sobre verduras provenzales 108
Penne con salsa de berenjena y tomate 66

Peras
Arroz al azafrán con peras 118
Batido de peras con almendras 37
Pan integral con fiambre y peras 32

Pimientos
Cerdo ahumado con pimiento y chucrut 96
Filetitos a la salvia con pimientos marinados 102
Panecillos con *mozzarella* y pimiento 27
Sándwich de pavo y pimiento 33
Sartenada de cabracho con pimientos 84

Puerros
Brochetas de pollo con puerros 106
Ensalada caliente de puerros y patatas 68

Q

Quark
Creps con relleno de *quark* y frambuesas 34
Ensalada de frutas con *quark*, chocolate y pistachos 116
Ñoquis de *quark* con salsa de frutos del bosque 122
Patatas cocidas con piel con *quark* de rabanitos y berros 76
Quark con fruta y copos de maíz 24

R

Ragú de pavo con apio y patatas 98
Risotto con col rizada y setas 68

S

Salmón al vapor sobre lecho de espinacas 78
Sándwich de pavo y pimiento 33
Sartenada de cabracho con pimientos 84
Sartenada *gyros* sobre puré de patatas y espinacas 100

Setas
Albóndigas de carne y arroz con champiñones 100
Espaguetis con salsa de setas 72
Lechuga iceberg con champiñones, pepino y jamón de York 40
Muslos de pollo sobre champiñones 110
Pizza rápida al minuto con champiñones y jamón 60
Risotto con col rizada y setas 68
Tramezzini con pasta de setas y fiambre 31

Smoothie de frambuesas y suero de leche 36
Sopa de calabaza con ajo de oso y aceite de pipas de calabaza 56
Sopa verde de guisantes con *croûtons* 38
Steak de lomo de cerdo con costra de sésamo 96

T

Tagliatelle con calabacín 72

Tomates
Acelgas con tomates, patatas y alcaparras 64
Caldereta de pescado con tomate 92
Crema de aguacate con tomate 46
Ensalada de judías blancas y verdes con tomates y aceitunas 50
Filetes de cerdo sobre judías verdes y tomates 104
Huevos revueltos con tomate y albahaca 29

Penne con salsa de berenjena y tomate 66
Tomates a las hierbas con lechuga 45
Tostas de *gouda* y tomate 32
Tortilla al chocolate con fresas 114
Tortilla de carne picada y verduras 48
Tostas de *gouda* y tomate 32
Tramezzini con pasta de setas y fiambre 31
Tramezzini con salmón y verduras 31
Tramezzini dulces con fresas y crema de plátano 30
Trucha al hinojo 88

Y

Yogur
Bebida suave de fresas con yogur 37
Cuenco de yogur frío con frambuesas heladas 116
Pastelillos de verdura con yogur al ajo 50
Postre de yogur en capas 120
Tortilla de patatas con yogur a las hierbas 74

Z

Zanahorias
Bacalao con calabacín y zanahorias 80
Cabracho sobre puré de zanahorias y patatas 92
Carne de ternera al *wok* con zanahorias y jengibre 112
Ensalada de col picuda y zanahorias con queso de oveja 44
Pan crujiente con jamón, rábano y zanahorias 26